绩效管理高级教程

JIXIAO GUANLI
GAOJI JIAOCHENG

周施恩 周赫然 编著

首都经济贸易大学出版社
Capital University of Economics and Business Press
·北京·

图书在版编目(CIP)数据

绩效管理高级教程/周施恩,周赫然编著. --北京：
首都经济贸易大学出版社,2024.2
　ISBN 978-7-5638-3653-6

　Ⅰ.①绩… Ⅱ.①周… ②周… Ⅲ.①企业绩效-企
业管理-教材 Ⅳ.①F272.5

　中国国家版本馆 CIP 数据核字(2024)第 012976 号

绩效管理高级教程
周施恩　周赫然　编著

责任编辑	王　猛
封面设计	风得信·阿东 FondesyDesign
出版发行	首都经济贸易大学出版社
地　　址	北京市朝阳区红庙（邮编 100026）
电　　话	(010)65976483　65065761　65071505(传真)
网　　址	http://www.sjmcb.com
E - mail	publish@cueb.edu.cn
经　　销	全国新华书店
照　　排	北京砚祥志远激光照排技术有限公司
印　　刷	北京市泰锐印刷有限责任公司
成品尺寸	185 毫米×260 毫米　1/16
字　　数	225 千字
印　　张	10.25
版　　次	2024 年 2 月第 1 版　2024 年 2 月第 1 次印刷
书　　号	ISBN 978-7-5638-3653-6
定　　价	36.00 元

图书印装若有质量问题,本社负责调换
版权所有　侵权必究

我们衷心希望这本书能够给读者带来启发，成为一本学生毕业后仍想带走，并且愿意偶尔再拿出来翻看的有价值的读物。

前　言

这是一个"跨界竞争"的时代，也是一个"开源竞合"的时代。

经过近40年的引进、吸收、模仿、创新，我国企业的人力资源管理已经进入新的发展阶段。在传统与现代交替、东方与西方交错、法治与人情交融的宏观背景下，我国企业的管理情境相较西方企业更为复杂。面对百年未有之大变局，我们非常有必要对传统绩效管理进行升级改造，以实现成就员工、壮大企业、富强国家、造福社会的中国式的多重管理目标。

一、国内外同类教材的优点与不足

自人力资源管理理论诞生以来，国内外高校非常重视相关理论研究与教材建设，多年来积累的丰富的学术成果和教辅材料，为绩效管理的推广、普及和提高提供了有力支撑。但是，相对于学术论文和课题申报，教材建设在我国教师考核评价中的价值不高，近年来课程改革与教材建设进步不大，鲜有重量级教材问世。

(一) 国外教材

(1) 国外同类教材的叙事手法普遍较为琐碎，重要知识点的条理性不强，"见树木不见森林"的特征明显，致使不少学生在全面把握知识体系上面临一定困难，也难以和原有的知识体系有机融合。

(2) 国外同类教材的管理理念，更多体现了西方国家（特别是20世纪的美国）的社会文化情境，普遍倡导优胜劣汰的丛林法则，这与我国强调共同富裕、构建中国特色和谐劳动关系管理思想的契合性较差，与党中央、国务院的政策要求相去甚远[①]。此外，西方国家对事物判断所秉持的非黑即白的一元论立论基础，也不能很好地适应中国式管理的辩证思维。

(3) 国外教材的配套案例与中国企业管理情境的兼容性较差。具体来说，其传统企业的工作分工简单机械，绩效考核过于注重基于各个岗位的KPI指标，不能有效体现员工的团结协作意识；部分高科技公司则过于强调工作的弹性和团队的灵活性，虽然这种做法对国内企业具有一定的启发意义，但由于需要较为科学、系统的管理体系和基于契约精神的法治环境作为支撑，国内企业要想实际应用尚需创造相应的配套条件。这可以从国内许多因盲目追求组织扁平化和管理弹性化而最终走向失败的管理案

---

① 党中央、国务院始终坚持以人民为中心，强调"六稳"（稳就业、稳金融、稳外贸、稳外资、稳投资、稳预期）和"六保"（保居民就业、保基本民生、保市场主体、保粮食能源安全、保产业链供应链稳定、保基层运转）发展要求，充分体现了兼容并蓄、和谐发展的总体思想。

例中得到验证。

（二）国内教材

（1）知识体系急需深化和升华。当前国内同类教材仍然将学生视为孤陋寡闻的"小白"，知识体系主要停留在概念、定义、作用、意义、方法、流程等，对中国较为复杂的管理情境的融入不够充分，难以全面适应移动互联时代莘莘学子探究性学习的时代背景。这可能也是造成近年来不少高校毕业生就业难的重要原因之一（教材和案例陈旧，课堂教学与社会实践脱节）。

（2）所用案例的本土化程度有待进一步提升。近年来国内顶尖高校所使用的教材主要为国外大型跨国公司的案例（当前国内案例的数量有所增加），有不少高校直接使用国外原版教材。虽然这有助于学生开阔视野，积累规范化、制度化、科学化管理的经验，但由于脱离了本土管理情境，学生所积累的知识、经验和方法难以充分适应实际的工作需要，甚至还会在工作中四处碰壁。

（3）案例分析与章节主体的融合度堪忧。有的在章节之前或章节之后"堆砌"相关案例。虽然在内容上与章节知识的契合度较高，但大多缺少结合案例对授课内容的分步骤拆讲。很多学生在学完课程之后，仍然不能独立设计简单实用的考核指标及考核办法。

二、本教材的特色追求

（一）对本土实操案例的精细拆讲

通过渗透式案例讲解，将有关原理、方法和工具的实践应用有机融入重要知识点的理论讲解之中，力求打通从理论学习到实践应用的"最后一公里"。比如，对公司战略目标和部门年度目标的分解落实，对绩效指标的精确设计，以及对考核办法的优化改进等方面，均以笔者亲自主持的企业咨询案例的精细拆解作为支撑。

（二）对周边权威理论的有机融入

以"小贴士"的方式，将战略管理学、领导学、心理学、组织行为学、市场营销学、文化人类学等密切相关的权威理论，有机渗透到对绩效管理有关理论和实践操作的讲解之中，使读者在"知其然"的基础上，同时做到"知其所以然"，确保学习的高起点。

（三）基于国情特色和时代要求的理论创新

（1）系统介绍了当今企业"多级考核、多级分配"的管理精髓。

（2）系统梳理了高层管理者、中层管理者、普通员工，以及人力资源部门在绩效管理体系中的职责要求。

（3）清晰界定了"绩效管理小循环"（即国内外同类教材中普遍定义的"绩效管理循环"），将其与企业"绩效管理大循环"区别开来，并以案例精讲的方式予以深入分析。

（4）在绩效考核结果的应用上，辨析出"交易观""资源观""相互成就观"三种典型的用人哲学与管理理念。

（5）在对绩效管理思想史进行简要梳理的基础上，率先提出了"绩效 4.0+"管理体系的概念，以期对广大读者形成创新启发。

（6）将管理视角从企业微观组织中解放出来，明确提出成就员工、壮大企业、富强国家、造福社会的中国式多重管理目标，力图以新时代科学高效的绩效管理谋求真正意义上的高质量发展。

三、本教材的讲授方法

由于本书相关原理和重要知识点的内容较多，在课时有限的硬约束下，建议采用以下授课方法。

（一）提纲挈领

以对教学大纲中重要知识点的讲解为主要脉络，确保满足高等教育对学生培养的"制式化"要求。

（二）丰富拓展

以布置学生对权威性和趣味性周边知识点的课后阅读，促进学生能够在知其然的基础上做到知其所以然。

（三）行动学习

组织学生进行课堂练习和小组讨论，然后就有关问题提出自己的管理思想和设计方案，以行动学习促进学生对有关理论、工具和方法的理解和掌握[①]。

（四）创新提高

大多数管理问题都没有唯一正确的标准答案。无论是课堂练习、小组讨论，还是课后作业，只要学生所提出的观点和方法符合基本原理、能够实际应用，我们都应该给予充分的鼓励，并指导其根据实际情况进行探索性的理论、方法和工具创新。

四、本教材的创作团队

（一）在校学生

首都经济贸易大学劳动经济学院博士研究生苗钟元，硕士研究生邹静、韩薇舒、张皓博、孔新雅、吴亚楠和孙泽宇为本书写作搜集、整理了大量文献资料，参与了所有案例的讨论研究。

（二）在职人士

以下诸君对本书样稿进行了试读，并结合自己的工作经验和心得体会，对绩效计划制订，绩效监控、沟通与辅导，绩效考核与反馈，以及绩效考核结果的综合应用等

[①] 国内外权威研究充分证明，"行动学习"是人才培养最有效的方法和途径之一。

方面提出了非常宝贵的意见和建议。

谢　伟：先正达集团（中国）公司，薪酬福利总监
任会青：友邦人寿保险有限公司北京分公司，寿险规划师
冯海龙：中国戏曲学院，人事处
王　颖：联想集团，资深人力资源业务伙伴
许爱君：安徽容知日新科技股份有限公司，员工发展经理
李亚南：中国北方化学研究院集团有限公司，党群工作部业务经理
陶　佳：北方工业科技有限公司，人力资源部副主任
陈　雪：中电科太力通信科技有限公司武汉分公司，人力资源经理
高　燕：中国卫生监督协会，学术培训部主任
魏　丁：中国宋庆龄青少年科技文化交流中心，人力资源部
牛丽涛：北京经纬恒润科技股份有限公司，经营管理部
黄　燕：北京菜市口百货股份有限公司，新业务部
王思珺：中国光大银行股份有限公司北京分行，对公客户经理
雷美良：中国轻工业联合会，党建人事部
巩　林：中国国际货运航空股份有限公司，人力资源部
付　鹏：中国银行股份有限公司北京市分行，综合服务经理
吕卓然：北京市地铁运营有限公司运营一分公司，人力资源部

对于大家对本书的贡献，笔者在此真诚表示感谢！

在此，我们也欢迎广大读者提出宝贵意见。为了尊重知识产权，我们会将被采纳的意见和建议在本书第二版中予以注明，也随时恭候大家索要或交换相关教学资料。

联系方式：zhoushen@cueb.edu.cn；1044919121@qq.com。

周施恩

于北京通州三品斋

目 录

第一章 绩效管理要义 ·· 1
    第一节 绩效的结构和定义 ·· 2
    第二节 绩效的特征及其启示 ·· 5
    第三节 绩效管理的概念及重要价值 ··· 8
    第四节 绩效管理的三方需要 ··· 12
    第五节 绩效管理中的分工与协作 ··· 15

第二章 绩效计划的初步制订 ··· 21
    第一节 绩效计划的制订过程 ··· 22
    第二节 绩效计划的主要内容 ··· 26
    第三节 绩效指标提取 ·· 31

第三章 绩效指标的精确设计 ··· 49
    第一节 绩效指标的优化 ··· 50
    第二节 绩效指标的再设计 ·· 54

第四章 绩效监控与沟通辅导 ··· 70
    第一节 绩效监控 ··· 71
    第二节 绩效沟通 ··· 76
    第三节 绩效辅导 ··· 86

第五章 绩效考核与结果反馈 ··· 90
    第一节 绩效考核概述 ·· 92
    第二节 绩效考核的主导类型 ··· 94
    第三节 绩效考核的评价主体 ··· 98
    第四节 绩效考核的常见方法 ··· 102
    第五节 绩效反馈 ··· 106
    第六节 绩效评估中的常见误区与解决办法 ······································· 109

第六章 绩效考核结果综合应用 115
第一节 相关理论基础 116
第二节 绩效考核结果的应用方式 125
第三节 考核结果兑现背后的管理理念 129

第七章 时代呼唤绩效 4.0+管理体系 141

参考文献 150

第一章　绩效管理要义

绩效管理对于当今企业来说是至关重要的。这是因为，一个好的绩效管理系统可以激励员工做出对企业发展有利的行为，同时也可以使员工在圆满履职的过程中得到很好的锻炼，可谓一举两得。而坏的绩效管理系统（如良莠不分、赏罚不公）则会对员工的士气形成致命打击，进而导致优秀人才流失，企业效益下滑，可谓后患无穷。

由此可见，做好绩效管理是企业走向长期可持续高质量发展的必由之路。

学习目标
√ 掌握绩效的结构和定义
√ 理解中国企业采用"综合绩效观"的主要原因
√ 理解绩效的特征及启示
√ 理解绩效管理的真谛
√ 掌握绩效管理的"三方需求"
√ 掌握绩效管理的"小循环"
√ 了解绩效管理系统中的分工与协作

【引导案例】

为什么三个和尚没水喝？

从前有座山，山上有座庙，一天庙里来了一个小和尚。他每天挑水、念经、敲木鱼，给菩萨像前的玉净瓶里添水。日复一日，生活过得安稳自在。

不久，庙里又来了一个高个子和尚。他一路疲惫不堪，刚进来就喝掉了半缸水。小和尚叫他去挑水，高个子和尚初来乍到，只好听命，乖乖地去挑水。

后来，高个子和尚看到小和尚在庙里清闲自在，啥都不干，于是心想：自己一个人去挑水，太吃亏了，便要求小和尚和他一起去抬水。两个人谁都不愿意多出力——抬水时，水桶必须放在担子的中央，偏向哪边都会引来无休止的争执。虽然两人的关系在争执中变得越来越僵，但总算还有水喝。

后来，庙里又来了一个胖和尚。小和尚和高个子和尚叫他去挑水，胖和尚挑来一担水，却独自喝光了，并拒绝再去挑水。三个和尚各怀心事，谁也不去挑水，大家都没有水喝，大家各念各的经，各敲各的木鱼，"老死不相往来"。最后，干脆把菩萨像前玉净瓶里面的水也抢着喝干了。没人打水，花草枯萎了，庙里没有了往日的生机。

一天夜里，老鼠出来偷东西。三个和尚都看到了，但谁也不愿意动，谁也不去管。后来，老鼠逐渐猖獗，打翻了烛台，引燃了大火。三个和尚这才起奋力救火。

经过一番忙碌，大火终于被扑灭了，他们也因此觉醒了，更加理解了团结协作的重要性。从此三个和尚齐心协力去挑水，水多了，庙里也恢复了往日的生机。

思考：

1. 为什么"一个和尚挑水喝，两个和尚抬水喝"？

2. 从现代管理的角度看，为什么"三个和尚没水喝"？仅仅是因为传统认识上的"不团结"吗？

第一节 绩效的结构和定义

自人力资源管理理论引入中国以来，"绩效"一词就成为业界讨论的一个热点话题。但时至今日，人们对绩效到底是什么，应该怎么衡量，以及如何提高员工个人和组织整体的绩效水平等基本问题，仍存在一定的误解。追根溯源，我们有必要对绩效的结构和定义进行简要探讨。

一、结果论的绩效观

1977年，美国绩效评估专家哈特瑞（P. H. Hatry）从评估城市政府公共服务的角度提出了绩效的三个评估标准：有效性、效率、工作量。从本质上看，哈特瑞所提出的这套标准侧重于工作的"结果"或曰"工作产出"，具有典型的"结果"特征，并由此拉开了"以结果论英雄"的公共部门绩效评价的序幕。

1984年，伯纳丁（H. J. Bernardin）提出了带有典型"结果论绩效观"特征的绩效定义。他认为，所谓绩效，就是指"对在特定的时间内、由特定的工作职能或活动所创造的产出的记录或工作的结果"[1]。比如：一位办公室文员，按照上级要求撰写了一份区域人才政策分析报告；由于某地政府坚持经济建设、政治建设、文化建设、社会建设和生态文明建设"五位一体"协同推进，使当地经济社会实现了较高质量的可持续发展。这些都是工作的结果。

二、行为论的绩效观

坎贝尔（Campbell）等人认为，绩效并非产出或结果。持类似观点的学者提出：绩效可以被视为"行为"的同义词，它是人们实际采取的行动，并且这种行动可以被他人观察到。根据坎贝尔等人的观点，绩效应该只包括那些与组织目标有关的，并且是可以根据个人能力进行评估的行动或行为。

沿着这一思路，奥根（Organ）等人于1983年创造性地提出了组织公民行为

---

[1] 李艺，钟柏昌. 绩效结构理论述评 [J]. 技术与创新管理，2009（5）：299-301.

（Organizational Citizenship Behavior，OCB）理论。1986 年，布里夫（Brief）等人在组织公民行为理论的基础上又进一步提出了超组织行为（Pro-social Organizational Behavior，POB）理论[①]。POB 与 OCB 虽然提法各异，但都指向组织中的合作和助人行为，并且强调这些行为都应该是自发性的，而非来自组织的硬性安排。概括起来说，两者的主要区别在于：POB 可以是职务内行为，也可以是职务外行为，而 OCB 则仅指职务外行为。此外，POB 有可能在对个人有利的同时对组织造成不利影响，但 OCB 指的是有利于组织的行为[②]。

小贴士

定性？定量？中国企业改革开放早期的左右摇摆

改革开放早期，中国企业的绩效考核基本沿用"德、能、勤、绩、廉"的定性打分框架。这一考核模式曾经发挥了重要作用，但其过于注重"勤勤恳恳""三十年如一日"等工作过程和工作行为的考核导向，在一定程度上诱发了形式主义蔓延，甚至在一些企业里"劳模辈出"，但工作效率和经济效益却呈现出"双低"状态。

在西方人力资源管理理论引入中国后，很多企业迅速从强调定性转向了注重定量的极端——只要业绩好，过程基本可以忽略。这一考核导向，在短期内促进了企业经营绩效的提升，但"以成败论英雄"的考核模式，又很快导致了部门与部门之间、员工与员工之间的恶性竞争，甚至是相互拆台。

于是人们逐渐认识到，过于强调行为（过程）或过于强调业绩（结果）的考核模式，都是不可取的。

三、综合论的绩效观

尽管在理论研究中存在结果论和行为论的分野，但越来越多的人普遍关注到了绩效"两重性"的重要价值，即将绩效理解为结果和行为的有机结合。其中，行为是达成结果的前提或过程，结果是所有行为的共同指向。据此，布鲁姆巴（Brumbrach）认为：绩效既包括行为也包括结果。行为是由从事工作的人表现出来的——将工作任务付诸实施。行为不仅仅是结果的工具，有时候行为本身也是结果，是为完成工作任务所付出的脑力和体力的结果，并且能与结果分开进行判断[③]。

举例来说，快递员把物品送到客户手中，既是送货的"行为"，同时也是工作的

[①] "组织公民行为"（OCB）和"超组织行为"（POB）是一对有趣的话题，大家可以查阅相关文献，逐步养成研究性学习的好习惯，本书不再赘述。
[②] 李艺，钟柏昌. 绩效结构理论述评 [J]. 技术与创新管理，2009（5）：299-301.
[③] 李艺，钟柏昌. 绩效结构理论述评 [J]. 技术与创新管理，2009（5）：299-301.

"结果"。再比如，餐厅服务员为客户点餐，既包含了"行为"（帮客户点餐），也形成了"结果"（把客户所点的餐饮单据报给了后厨）。当然，在很多时候，行为和结果是明显分开的。比如，某人辛辛苦苦种了一棵树（行为），但是这棵树并没有成活下来（结果）。

课堂讨论：

在自己平时的学习和工作中，有哪些活动只有行为，而没有良好的结果呢？我们又应该如何改进呢？

四、本书的观点和定义

本书认为，无论是"结果论"还是"行为论"的绩效定义，都是有其诞生背景的。从科学角度讲，人们判断一届政府的好坏，关键不在于公务员们有多么辛苦、多么兢兢业业，而在于这届政府是否公正、平等、高效地给其治理下的人民带来更好的福祉，即是否有好的"结果"。

以美国为代表的现代企业管理，强调详尽的工作分析、明确的岗位职责、量化的绩效考核、差异较大的货币性报酬。这本没有错，但过于强调各个岗位"井水不犯河水"的管理逻辑，容易使人们失去对职责之外的组织公民行为的关注。所以，行为导向的绩效管理可以理解为对其原有管理逻辑和管理实践的有益补充。

小贴士

完成任务≠实现目标

很多管理者把完成任务（行为）等同于实现目标（结果），其实这是一种错误的理解。

从前，有个慈祥的老和尚和一个勤奋的小和尚住在一个山顶的寺庙里。小和尚原来是个四处流浪的孤儿，是老和尚给了他一个温暖的"家"，因此，他非常感谢老和尚的收留之恩。于是，他每天风雨无阻地去撞钟，准时准点，任劳任怨。有一天，老和尚把他叫进了禅房。小和尚本以为是要表扬自己，可万万没想到的是，老和尚批评了他。

见小和尚想不通，老和尚就解释道：我们撞钟的目的不是"为了撞钟"，而是希望通过悠扬的钟声，给尘世间的人们"片刻的心理宁静"。如果能进一步点化悲观失望的人们"幡然醒悟"，一心向善，那就更好了。老和尚认为，小和尚虽然每天准时准点去撞钟，但钟声过于急促且长短不一，仅仅是为了完成任务而已，根本不能实现更深层次的目标。

现在，你理解什么是"完成任务"，什么是"实现目标"了吗？

概括起来说，对政府的评价强调结果论，对员工的评价增补行为论，两者都没有错,都是特定情境下的理性选择。鉴于中国强调"天时、地利、人和"的系统化的思维习惯,本书认为,基于综合论的绩效观可能更适合于中国企业,只是在不同的情境下有不同的侧重点而已。

比如,超市收银员为顾客清点和结算商品,我们既关注商品数量和结算金额是否正确(结果),同时也强调"微笑服务"(行为),使顾客在购买货真价实商品的同时,也能享受愉悦的购物体验。这一观点充分体现了市场营销学中的"4C"(也称"4Cs")理论的精髓:

Customer——我们的消费者有什么特定需求?

Cost——消费者的消费预算是多少?

Convenience——怎样才能为消费者提供便利?

Communication——怎样与消费者进行顺畅的沟通?

为方便探讨,同时也为了方便企业的管理实践有一个便捷的"抓手",在充分借鉴前人理论的基础上,本书将绩效定义为:在组织运行过程中,任何可以被客观评价和有效调控的与过程有关或与结果有关的因素。其中:

(1)客观评价:可以是绝对客观,比如生产了几件产品;也可以是相对客观,比如运用科学方法对员工的"敬业度"予以评价和比较。

(2)有效调控:绩效管理的目的,就是要追求更高的目标和更好的结果。将一家微观企业不能有效调控的东西(如天气的变化、市场景气程度等),纳入企业的绩效考核中并没有实际意义。

(3)与过程有关:如出勤率、行为的规范性(如进入施工工地要戴安全帽)、工作的积极性和主动性(如"超越领导期望")等。

(4)与结果有关:如销量、成本、产品美誉度、收入和利润等。

第二节 绩效的特征及其启示

无论是行为绩效还是结果绩效,它们都与从事工作的人密切相关。从"人"的角度来深入探讨绩效的主要特征,有助于我们全面认识、客观分析并积极调控个人、团队和企业的整体绩效,因此具有非常重要的理论和实践价值。

一、多因性

绩效的多因性是指:绩效的好坏不是由单一因素决定的,而是受多种主客观因素的综合影响。从员工个体的角度看,绩效的多因性可以用图1-1表示。

如图1-1所示,影响员工个人绩效的因素包括内因和外因两个方面。内因主要包括:员工个人的知识和技能水平(简称"知能水平"),以及员工的个性、动机、价值观念等;外因包括员工所处的公司内外环境(如公司内部的激励机制,公司外部的社会文化氛围、主要竞争对手的情况等),以及员工所获得的机会多寡和个人运气的好坏。

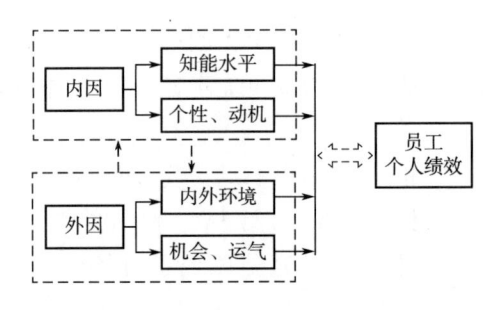

```
          ┌─────┐    ┌──────────┐
          │ 内因 │───▶│ 知能水平  │
          └─────┘    ├──────────┤
             │       │ 个性、动机│     ┌────────┐
             ▼       └──────────┘────▶│  员工  │
          ┌─────┐    ┌──────────┐     │个人绩效│
          │ 外因 │───▶│ 内外环境 │────▶│        │
          └─────┘    ├──────────┤     └────────┘
                     │ 机会、运气│
                     └──────────┘
```

图 1-1　员工个人绩效的多因性

资料来源：周施恩，等．人力资源管理导论［M］．2 版．北京：首都经济贸易大学出版社，2023.

　　内因和外因一方面影响员工的个人绩效，同时又在相互影响。比如，好的内外环境有助于提高员工个人的知能水平，积极进取（个性）的员工较容易获得领导的认可，从而得到更多的发展机会。

　　从长远来看，绩效水平的好与坏，又会反过来影响员工个人的内因及外因。比如，业绩持续向好的员工，既锻炼了个人能力，又容易得到领导和同事们认可，从而赢得好的内部环境，可谓"春风得意马蹄疾"；而业绩持续垫底的员工，往往抱怨环境和运气不好，甚至在私下里开始怀疑自己的能力，一些见风使舵的同事也不把他放在眼里（坏的环境），可谓"喝口凉水都塞牙"。

　　根据马克思主义哲学的观点，内因决定外因，外因通过内因起作用。具体来说，虽然在个别时候外因的影响很大（如宏观经济不景气、需求萎缩、市场低迷），但是从长周期来看，积极主动、开拓进取、不甘落后的员工，总能取得比别人更好的业绩，进而赢得比别人更高的事业平台和更多的发展机会。

　　从这个角度看，面对绩效好的员工，经理人不应该简单地表扬（或奖励）了之，而是应该分析有什么好的经验和做法可以推广，从而使更多的员工都能够优秀起来；面对绩效差的员工，也不应该马上批评，而是要进一步分析工作是否安排得当，同事们是否支持配合，公司的激励机制是否科学公正等，进而对症下药，从系统的角度科学地解决员工绩效低下的问题。

　　课堂练习：

　　绩效的多因性给你以什么启示呢？请你就写在本页的边白处，以便日后参酌、反思。

二、多维性

　　绩效的多维性是指：员工的工作绩效可以体现在多个方面，因此需要从多个角度或维度去进行分析和评价。比较常见的评价维度有三个：

　　（1）工作能力。比如：战略把控能力、人际关系能力、专业技术方面的能力等。

　　（2）工作态度。比如：积极性、主动性、纪律性、协作性等。

　　（3）工作业绩。比如：工作完成的及时性、工作成果的质量和数量、完成任务所消耗的成本高低等。

仅有工作能力而缺乏积极的工作态度和相应工作业绩的员工，属于冷眼旁观的"猫头鹰型"；仅有工作态度和低水平劳动成果而缺乏综合能力的员工，属于兢兢业业的"老黄牛型"；仅有工作业绩而缺乏端正的工作态度和高水平综合能力的员工（如个别销售人员），属于单打独斗的"野狼型"。唯有能力超群、业绩突出、心态阳光、包容性强、自律性强的员工，才会成为企业的领军人才（"领袖型"），他们可以为企业、为国家做出巨大的贡献，同时也可以为自己创造相对更大的事业平台和更加优越的生活条件。

客观地说，"猫头鹰型""老黄牛型""野狼型"三类员工各有优势也各有不足，我们需要对其进行客观分析、全面评价，然后进行有针对性的工作安排，并通过科学的指标设计、客观的绩效评估和公平公正的奖罚措施，引导和激励员工朝着自己所能达到的高度成长，同时适度弥补自己内在和外在的短板。这既是人力资源（HR）工作者的重要责任，同时也是激活企业人力资本存量、做大企业人力资本增量、着力培育企业核心竞争力的重要途径。人力资源工作者不可替代的重要价值，由此可见一斑。

小贴士

个性和能力，哪个对个人成就的影响更大？

很多人认为能力比个性重要，其实不然。

国内外众多统计研究表明，除了个别极端的例子（如牛顿、爱因斯坦等）外，那些最终走向成功、对家庭和社会做出巨大贡献的人，并非是因为聪明过人或能力超群，而是既有较高的综合能力，又有宜人个性的人，诸如：阳光、包容、进取、利他、不怕失败、不断反思、精益求精。

综合起来看，能力可以创造业绩，宜人的个性可以创造更好的人际环境。只有两者有机结合起来，才会使人们行稳致远。通俗地说，我们要学会用能力和个性"两条腿"走路。

课堂练习：

绩效的多维性给你以什么启示呢？请你就写在本页的边白上，以便日后参酌、反思。

三、动态性

绩效的动态性是指：员工的绩效不是一成不变的，由于员工的内在主观因素和外在客观因素在持续发生变化，因此任何人的绩效都有可能发生较大变化。绩效的动态性给企业实践提出以下要求：

（1）要及时开展对员工绩效的集中评价。及时评价是指每当工作进展到一定阶段就要及时予以评价，否则就有可能失去时效性。集中评价是指要对同一类人员在同一时间节点进行评价，以确保评价的公平性。

（2）及时有效的监督与调控，有助于提高当期绩效。由于员工的个人绩效是动态变化的，所以对其工作过程进行必要的监督，及时发现和解决问题，就有可能在看似不可能的情况下实现预期目标。

关于这一点，我们可以从我国"两弹一星"的成功经验中找到例证：党和国家高度重视、密切关注、全力调配各种资源，领军人物扎根一线、积极协调、排除万难、以身示范，科研人员斗志昂扬、因陋就简、夜以继日、攻坚克难，最终我国仅仅用了不足20年的时间，就创造了"两弹一星"的惊人伟绩。如果没有有效的监督（发现问题之所在）和及时的调控（及时加以解决）机制，这是不可想象的。

（3）长期有目标、有计划的调控，有助于提高长期绩效。从长期来看，员工的个性和动机是可以适度改变的，员工的知能水平是可以培养提高的，企业的激励机制是可以逐步完善的。在科学合理的制度安排下，员工之间也是可以实现机会均等的[1]。进而，在高明的人力资源负责人的积极推动下，企业的综合绩效也是完全可以持续提高的。

第三节 绩效管理的概念及重要价值

在深入了解了绩效的结构与特点之后，我们就可以对绩效管理的概念及其重要价值进行探讨。

一、绩效管理的概念与关键

（一）绩效管理的概念

对绩效的不同理解，就会导致对绩效管理的不同看法和不同做法。正如著名管理大师麦格雷戈（Douglas M. McGregor, 1960）所言，"任何管理都是建立在设想、假设与归纳的基础之上的，也就是说，是以一定的理论为基础的"[2]。

基于对绩效的概念及其特征的理解和认识，本书将绩效管理（Performance Management）定义为：为了实现组织的战略或战术目标，创造性地运用人力资源管理理论、工具和方法而系统开展的绩效计划制订，绩效监控、沟通与辅导，绩效评估与绩效反馈等一系列相关活动的过程。有文献将绩效考核结果的应用纳入绩效管理，也有一定道理。

---

[1] 由于奖金预算的约束或荣誉头衔的稀缺，在个别时候把"好事"给了张三，对于综合绩效相差无几的李四来说，可能是"短期不公平"的。但是在下一季度或下一年，在张三和李四综合业绩相差无几的情况下，把相应的机会再给李四，就可以说从长期角度实现了机会均等（事实上，很多领导人都是有这个觉悟的）。从这个角度看，当自己感觉受到了"不公正对待"，也没有必要灰心丧气。而是应该在恰当的时候找领导沟通，消除误解，达成共识，进而以更加积极的心态面对未来。从长期来看，所有的付出都会有相应的回报。

[2] 王艳艳. 绩效管理的理论基础研究：回顾与展望 [J]. 现代管理科学, 2011 (6): 95-97.

（二）做好绩效管理的关键

虽然绩效管理系统包含很多环节，但是从根本上说，做好绩效管理的关键主要体现在三个方面。

1. 始终强调目标导向

各级员工（包含管理者与普通员工）的一切行动都应该以既定目标为导向。这里所说的目标，既包含长期战略目标、年度经营目标，也包括以改善某种现象（如效率低下、产品质量参差不齐等）为目的的短期目标。如果缺乏合理的绩效目标，再完善的绩效考核系统也没有多大实际意义。

2. 贯穿生产经营的全过程

目标的实现，是各级管理者认真监督、悉心辅导和正确引导得来的，而不是绩效考核考出来的。绩效考核只是对员工工作行为和工作结果的验收，此时事情已经发生，且大多数工作都不可逆转，我们只能接受现状。企业要想提高绩效，最需要把控的是目标引导下的绩效管理的全过程。

这一点就如在现代战争中大显神威的"巡航导弹"。请大家想一想，现代巡航导弹为什么能够远程精确打击敌方的高价值目标？其关键就是在导弹发射后直至击中目标的整个飞行过程中，导航系统对其飞行高度、飞行速度和飞行路线的持续调控。就绩效管理而言，围绕公司目标科学、系统地设定绩效计划，在计划实施过程中不断进行绩效监控、绩效沟通和绩效辅导，直至最后完成预定目标，然后是客观的评估和差异化的赏罚，这才是科学实施绩效管理的真谛之所在。

3. 必须与后续奖惩相衔接

从本质上讲，绩效管理的最终目的不是给大家的工作表现和工作成果一个公平的分数，更不是为"扣分罚钱"，而是要力求实现鼓励先进、鞭策落后、动态寻优、持续成长的综合效果。这就要求绩效管理必须与科学奖惩有机衔接。

我们不妨做这样的反思：一家企业的绩效管理系统设计得科学合理，在实施过程中也非常注重系统严密，考核结果公平公正，却做到这里就戛然而止了。前期轰轰烈烈的绩效管理流程认认真真走了一个遍，但最终也没有什么说法——优秀的员工没有得到奖励，业绩差的员工也没有受到惩罚。对这样的企业，员工们在内心里肯定是非常失望的，以后谁还愿意好好干？

二、绩效管理小循环

正如前面的讨论，绩效管理并不等于人们通常所提到的绩效考核，而是一个相对完整的闭环管理系统，如图 1-2 所示。

由于该循环主要针对的是部门、车间等职能完整又相对独立的工作单元，所以此闭环管理系统又可称为绩效管理的小循环（更为完整的绩效管理循环——绩效管理的大循环，参见本书第二章）。

如图 1-2 所示，实施绩效管理的第一个环节是绩效计划制订，然后是绩效计划实施过程中的绩效监控、绩效沟通与绩效辅导。进而，在绩效周期结束时对员工的工作行为和工作成果进行绩效评估,最后是将绩效评估结果及时反馈给员工。

需要说明的是,国内经常将绩效评估(Performance Appraisal,PA)说成是"绩效考核"或"绩效考评",这些称谓在内涵上没有实质性区别,但是其背后的管理逻辑却有着很大的不同。一般而言,绩效评估指的是对工作行为和工作成果的评价,被评估一方和评估方的地位是平等的。而绩效考核或绩效考评则更多地意味着考核(考评)者占据主导地位、被考核(考评)者相对居于从属地位,这显然是与我国强调"自由、平等、公正、法治"的时代主题不太相容的。无论是从践行社会主义核心价值观的角度看,还是从现代年轻人更加重视自我感受的心理变迁来看,我们都需要重新审视雇佣方和被雇佣方的劳动关系。

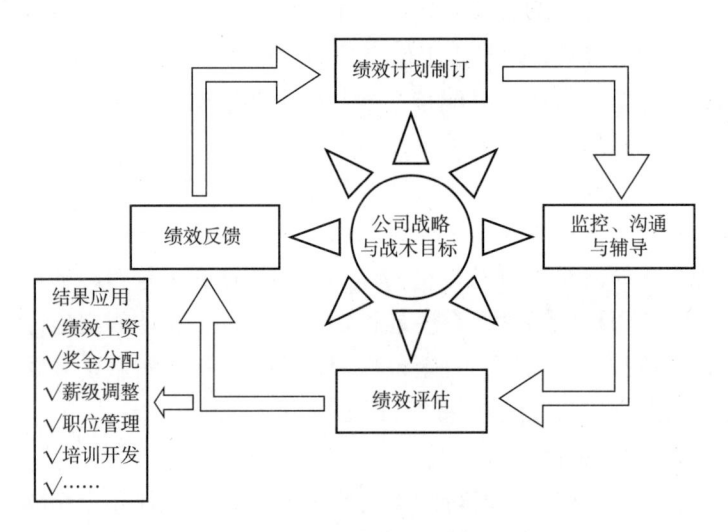

图 1-2　绩效管理小循环

资料来源:周施恩,等. 人力资源管理导论[M]. 2 版. 北京:首都经济贸易大学出版社,2023.

入乡随俗,为了有一个可以广泛讨论的基准口径,本书以下章节中使用更多的还是"绩效考核"而非"绩效评估"。

三、绩效管理的重要价值

在企业日常管理中,战略不能天天制定,薪酬体系也不可能经常变化,而绩效管理则是每月、每年都要执行的。在标准化程度较高的生产制造企业(如格力集团)或服务型企业(如希尔顿大酒店),员工的工作成果甚至每天都要进行统计分析。海尔集团的著名管理原则——"日事日毕,日清日高"①,就充分证明了加强绩效管理的及时性、紧迫性和重要性。

如果我们从具体劳动形态中总结抽象出一般规律,那么包括企业、军队、医院、学校以及其他类型组织机构的所有工作,都可以系统划分为价值创造、价值评估和

---

① 其含义大体是指:每天的工作要按时做完,每天的工作要清晰核算,每天的工作要比昨天做得更好。

价值分配三个基本环节（见图1-3）。良好绩效管理系统的重要价值就隐藏在此图之中。

（一）为下一轮的生产经营活动提供改进参考

好的价值评估，可以对考核期内企业价值创造活动的优劣做出判断，进而通过对机会、威胁、优势和不足的系统分析，为下一周期的价值创造工作提供改进参考。

比如：某大型超市通州WD店经过绩效评估发现，5月份本该是该店的销售旺季，但由于新招的一批服务员业务不熟练、服务不规范，还经常与客户发生口角，影响了服务效率、降低了日客流量，同时也给超市的口碑造成了不利影响。在经过客观评估和认真分析后，该超市门店在6月初很快落实了对新员工的"轮训"计划，使他们熟练掌握上架、理货、过磅、打签的工作技巧，以及与客户沟通的"标准话术"，从而提高了工作效率、减少了客户投诉，并通过推出"6·18大促"计划迅速扭转了局面，超额完成了上半年的销售目标。

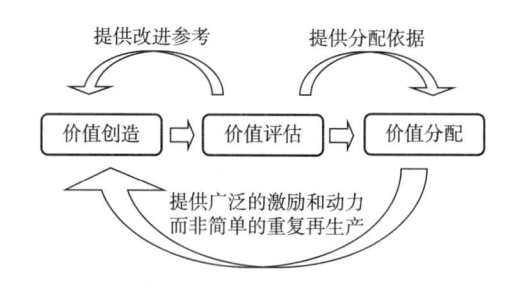

图1-3 基于价值评估的微笑曲线

资料来源：周施恩．人力资源管理高级教程［M］．2版．北京：清华大学出版社，2022．

（二）为后续人力资源管理决策提供重要依据

好的价值评估还可以对价值创造过程中每个人所做贡献的方式和大小做出客观评价，进而为后续人力资源管理决策提供重要依据。其中，最直接的应用是绩效工资、绩效奖金、股权激励等方面的价值分配，更系统、更长远的应用则包括员工培训（补齐绩效评估中所发现的短板）、职位升降、岗位续聘、工作调动，以及员工退出机制等。

还以该大型超市通州WD店为例，由于该店迅速扭转了不利局面、超额完成了上半年的销售目标，企业拿出一大笔奖金奖励了"服务标兵"，并对开发和实施轮训计划的HR工作者进行了表彰和奖励。此外，由于业绩突出、发展潜力大，开发和实施轮训计划的HR工作者李某于两年后获得了职位晋升。

（三）为企业发展注入生机和活力

总体而言，客观公正的绩效评价和令人心服口服的价值分配，又可以为下一阶段的价值创造过程提供广泛的激励和动力——干得好的人，因为得到了较高的报酬、更多的升迁机会而充满干劲；业绩差的人，即便少拿了钱也不会觉得不公平，即"没有什么不满意"（参见本书第六章"绩效考核结果的综合应用"），他们反而会争取在下一阶段干得好一些，以充分证明自己的价值，进而获得更好的回报。

再以该大型超市通州 WD 店为例，由于"服务标兵"得到了重奖，其收入水平显著提高（相当于多发了一个半月的基本工资），从而引起了其他服务人员的竞相学习和效仿。相关 HR 工作者（培训经理、行销训练等）获得了该超市北京总部的隆重表彰，他们的成功经验得到了大范围推广，其职业发展路径也一次次得到延伸，大家的干劲就愈发饱满了。

这样一来，企业一轮又一轮的生产经营活动就形成了一个充满生机和活力的螺旋上升的过程。高质量发展也就在这一螺旋上升的轨迹中得到贯彻落实，就形成了图 1-3 所示的基于价值评估的微笑曲线。

第四节 绩效管理的三方需要

很多员工认为，绩效管理就是"扣分扣钱"，是企业克扣员工应得收入的一种手段；很多管理者认为，绩效管理本来就是人力资源管理部门的事，与我们没什么关系，却非要让我们来充当"恶人"；很多企业高层（代表了企业利益）认为，绩效管理就是对通过对员工的监督、控制和奖赏来实现企业目标的。其实，上述观点都存在一定的误区。上述三方都有着对良好绩效管理系统的内在需求，只是他们自己还没有清晰地认识到而已。

一、企业一方

企业所有崇高的使命和美好的愿景，都需要转化为长期经营战略和年度经营目标。沿着企业管理层级从上往下看（见图 1-4）。

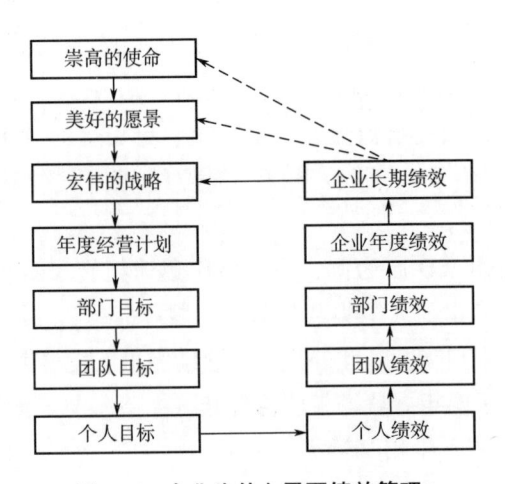

图 1-4 企业为什么需要绩效管理？

（一）目标的层层分解

良好的绩效管理系统，可以将企业的战略目标和年度经营目标分解落实到各相关部门和基层单位。

各部门、各基层单位在接受目标之后，又需要将其落实到每位管理者和普通员工身上。

上述两个步骤的组合，就实现了企业战略目标和年度经营目标的层层分解落实。

（二）目标的逐步实现

沿着企业管理层级从下往上看，良好的绩效管理系统可以激励员工完成任务，实现目标。进而，个人绩效汇总成为团队绩效，团队绩效汇总成为部门绩效。

最后，当每个业务单位都能很好地完成任务、实现目标的时候，整个企业的年度目标就能实现，长期战略目标也就能够滚动落实，企业崇高的使命和美好的愿景就会逐步变得清晰可见，而非可望而不可及的"大饼"和"美梦"。

由此可以看出，不会"画大饼"的领导不是好领导；而不能以实际行动来"兑现大饼"的领导，则是无能的领导[1]。

二、管理者

管理者需要对自己所负责的部门绩效负全责，因此他们需要做好以下工作：

（1）将企业的战略意图和经营目标传达给下属。这是因为，如果下属真正理解了工作的价值和意义，其干劲自然就会有所不同。

（2）科学合理地将目标分解落实到每位员工身上，使每位员工都知道自己肩负的责任。

（3）清晰传达对所属员工的期望和要求，使每位员工都知道各项工作的验收标准和目标要求。

（4）通过对工作过程进行及时、有效的把控，最终完成任务、实现目标。在绩效计划执行过程中，及时了解和把握工作进度，及时判断所取得的成就和所面临的问题，以便推广先进经验，解决所面临的问题，确保工作正常推进。

（5）最后，根据工作绩效的优劣，对员工"论功行赏"——奖勤罚懒、奖优惩劣，使真正做实事的人才能够脱颖而出。

管理者上述一系列工作目标的实现，就需要有良好绩效管理系统的支撑，仅凭开会传达、三令五申、身先士卒等传统手段是无法奏效的。

小贴士

理解工作的价值和意义

有一位哲人路过一个建筑工地。他好奇地问其中一名工人："你在做什么？"

---

[1] 诸多研究表明，有效的领导者往往都具有"愿景式领导"的主要特点。他们习惯以活泼、生动、大胆的语言来描绘组织未来发展的美好前景，从而产生对员工内在的激励和使命的召唤。通俗地说，高瞻远瞩、风趣幽默、真抓实干的好领导，往往都是"画大饼"和"兑现大饼"的个中高手。

那位工人很不耐烦地说:"没看见我在砌砖吗?"

于是哲人又问旁边的工人,那人笑着说:"我在砌墙。你知道,我的手艺是村里最好的!"

不等哲人再问,另外一名工人就激动地说:"先生,我们在建一座教堂。建成以后,周围好几个村子里的人都要来我们盖的教堂里做礼拜。这是我做过的最有意义的事了,哪怕没有工钱也值了!"在他说这些话的时候,脸上洋溢着自豪,眼神里充满了对未来的憧憬。

请你想一想:这三名工人,谁的工作会最有成效呢?

三、普通员工

普通员工是企业很多具体工作的操作者。就当今企业而言,他们并非单纯的被管理者。无论是为了实现企业利益还是为了追求个人利益,新时代的广大普通员工,也需要良好的绩效管理系统。

(1)通过良好的绩效管理系统,员工们可以明确自己的工作任务与绩效目标,较为清晰地知道自己要做什么,为什么要做,以及自己的工作行为可以得到怎样的结果,从而实施自我激励。

(2)通过良好的绩效管理系统,员工们可以参与工作计划和工作目标的制订,从而找到参与感,体验责任感,形成归属感。

(3)通过良好的绩效管理系统,员工们可以寻求上司的支持、指导和帮助,获取开展工作所需的各种资源。

年初,经理张某将员工招聘的工作分配给了小李,要他在上半年招聘到5名专业对口的应届本科毕业生,要求"为人正直,聪明能干,有上进心,有团队精神",并且要在7月1日正式上岗。考虑到要去目标学校进行现场宣讲,需要印制相应的宣传材料和报名表,准备一些带有公司LOGO的文具作为小礼品,并需要至少2个人到现场帮助组织协调,同时也会产生一些交通费。于是小李就将自己的想法向张经理反映,希望经理能够批准相应的经费,配备相应的人员。

(4)通过良好的绩效管理系统,员工们可以及时得到绩效评价和绩效反馈,客观认识自己的工作表现。在上司的肯定中体验成就感,在上司的劝诫和指导中发现缺点、弥补不足、提高综合素养,从而得以更好发展。具体可参见本章前面介绍的"某大型超市通州WD店"的案例。

(5)通过良好的绩效管理系统,员工们可以获取解释的机会,从而有利于与上司、与同事消除误解,达成共识,进而形成良好的人际关系。

虽然经过不懈努力,小李招聘到了4名满足张经理要求的大学毕业生,但张经理在绩效考核时给小李打了个低分。在张经理进行绩效反馈时,小李辩解道:"优秀毕业生,大多在去年年底之前就已经被其他公司'锁定'了,我们今年春节以后才开始启动,动手晚了。另外,公司的名气不够大,有几个很优秀的学生本来是答应要来的,但最后还是被行业大牛公司录用了。"通过适当解释，张经理了解了小李工作的难处，适度修改了小李的考核得分，也有利于为来年的新员工招聘制订更加合理的工作计划。

人们常说，新时代的员工强调自我、喜欢展现、注重公平，而良好的绩效管理系统，则可以较好满足他们的个性化需求，从而实现员工与组织的各尽所能、各取所需、双赢发展。

第五节　绩效管理中的分工与协作

很多人认为，绩效管理是人力资源部门的事，而与其他部门没有直接关系。现在看来，这是一种并不正确的看法。想要做好绩效管理，需要企业高层领导、各部门管理者以及人力资源部门的共同努力。

一、高层领导的职责

绩效管理系统的优化设计，势必影响到公司每位员工的现实收入和职业发展，这在企业日常经营活动中属于最高等级的决策事项之一，因此需要企业高层领导切实承担起这一不可或缺的重要职责。

（1）远见卓识。为企业确定崇高的使命，描绘伟大的愿景，制定清晰的战略，编制切实可行的年度经营计划，使绩效管理有着明确又富有挑战性的目标。

（2）胸襟魄力。为人力资源部门优化改进绩效管理系统提出方向性要求。特别是面对重重阻力（绩效管理改进就相当于"分配制度改革"，遇到各种各样的阻力在所难免），要能够给人力资源部门提供强有力的支持，为其相关工作营造有利的工作氛围。

（3）资源配置。为绩效管理系统的设计、实施、优化提供必要的资源，包括相应的人力（人员调配）、相应的财力（资金预算）和必备的物力（如调研所需的场所和设备等）。

（4）落地实施。排除各种干扰，为人力资源部门适时启动绩效管理系统的落地实施创造有利条件，诸如大会动员、宣讲培训、规划部署、检查督促等。

综上所述，在绩效管理系统中，企业高层领导是目标制定者、方向指引者、资源调配者和有力支持者。如果没有高层领导的积极参与和大力支持，绩效管理系统的优化设计和落地实施大多难逃虎头蛇尾、不了了之的尴尬结局。

二、人力资源部门的职责

在绩效管理系统中，人力资源部门需要切实承担以下职责：

（1）开发设计和动态优化绩效管理系统。在这一环节，人力资源部门要充分考虑和正确处理公司当前现状和长远目标、企业利益和员工利益、工作业绩和工作作风的关系，坚持系统思维，基于整体管控需求，全局性谋划绩效管理体系架构与具体措施。

举例来说，如果只考虑当前利益而不考虑长远发展，就无异于"杀鸡取卵"；如果只关注企业利益而不关注员工利益，员工们就会择机跳槽；如果只考虑工作业绩而不考虑工作作风，那"团结协作"就无从谈起。

（2）为相关人员提供宣贯培训。培训对象主要包括两类人：一是各部门、各基层单位的负责人，要让他们清晰认识到绩效管理的目的和意义，认识到企业对其本人及其所领导的组织机构进行绩效考核的方式、方法和相应后果；二是各部门、各基层单位负责绩效考核的操作人员（在很多企业里被称为"综合管理员"），使他们切实搞清楚其所在部门或基层单位实施内部考核的方法、措施、流程。

（3）驱动绩效管理系统的具体运行。在重要的时间节点，督促有关部门和人员按时做好绩效计划，科学把控绩效计划的实施，及时进行绩效评估和绩效反馈，科学合理地进行所在组织内部的奖励分配，并提醒他们将重要的绩效管理资料（如员工的考核得分、加减分事项和理由、奖励分配方案等）向人力资源部报备。

（4）为相关部门和人员提供必要的规范指导和专业帮助。为各部门、各基层单位实施内部绩效管理编制指导性意见，以规范其对所属员工的绩效管理工作；对其不清晰、不熟悉、不会做的事项，及时提供专业而周到的支持和帮助。

（5）监督监控、汇总整理、总结分析绩效管理系统的运行情况，编制绩效管理系统运行分析报告（一般每季度至少进行一次），并提出绩效改进意见。必要时可以考虑改进考核方法，优化考核指标，修订目标值，调整指标权重等。

小贴士

绩效管理系统的与时俱进

在移动互联和"跨界打击"的时代，企业所面临的内外环境可谓瞬息万变。认真做好对绩效管理系统运行情况的动态监控和优化调整，可以使企业有效避免犯刻舟求剑的低级错误。

三、非人力资源部门经理

在绩效管理理论和实践诞生的早期，国内外绩效管理的实施者均为人力资源部门。随着企业内外环境变得越来越复杂，企业管理相关理论越来越完善，原来主要由人力资源部门来主导绩效管理工作所带来的问题也就越来越突出。进入21世纪以来，实施"多级考核、多级分配"的企业越来越多，并且取得了显著成效。

（一）"多级考核、多级分配"的含义及内在逻辑

1. "多级考核、多级分配"的含义

让我们先从"两级考核、两级分配"谈起。所谓"一级考核、一级分配"，就是企业对机关各部门、各基层单位进行考核，同时也对所有中层管理人员进行考核，并根据考核结果兑现各部门和各基层单位的"组织绩效奖励"（俗称发放"奖金

包")，以及中层管理人员的个人绩效奖励。该环节的组织实施者一般为公司人力资源部。

所谓"二级考核、二级分配"，就是指机关各部门、各基层单位对所属员工的绩效考核，并根据员工的绩效考核成绩分配本组织所获得的组织绩效奖励（企业发给部门、单位的"奖金包"）。该环节的组织实施者一般为各部门、各基层单位的负责人。其运行关系如图1-5所示。

对于层级不多的中小公司来说，"两级考核、两级分配"足以支持绩效管理系统的正常运转。而对于那些规模非常大的集团公司来说，可能就要实施"多级考核、多级分配"。

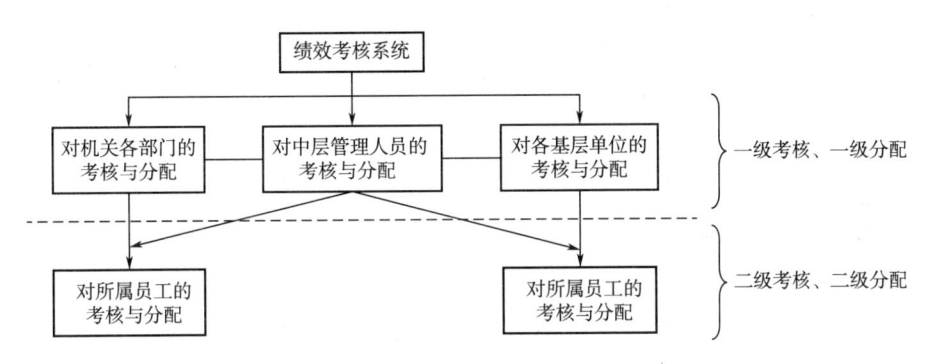

图1-5 "两级考核、两级分配"的运行关系

举例来说：A集团公司共有45个机关部门（总部机关）和12个子公司（基层单位），每个子公司又有自己的9个部门（子公司机关）和8个生产车间。

一级考核、一级分配：A集团对总部机关45个部门和12个子公司的组织绩效考核及组织绩效奖励（大"奖金包"），以及对这些机构的正副职领导人员进行个人绩效考核和个人绩效奖励。组织实施者一般为集团公司总部机关的人力资源部。

二级考核、二级分配：总部机关45个部门对所属员工的个人绩效考核（比如：财务部部长对财务部全体员工；企业发展部部长对本部门全体员工）与绩效奖励兑现，组织实施者为总部机关各部门负责人；12家子公司对本公司机关9个部门和8个生产车间的组织绩效考核及组织绩效奖励（内部分配后的小"奖金包"），组织实施者为子公司人力资源部。

三级考核、三级分配：子公司9个机关部门对所属员工的个人绩效考核及绩效奖励，组织实施者为子公司各部门负责人；8个生产车间对所属员工的个人绩效考核及绩效奖励，组织实施者为子公司各车间的负责人。

2. "多级考核、多级分配"的内在逻辑

（1）各级组织机构的负责人均有计划、组织、指挥、协调、控制的职责。如果对公司每位员工的绩效考核和奖励分配都由人力资源部来组织实施，那么各级组织机构的负责人对所属员工的领导力（在一些文献中被称为"影响力"）势必会受到削弱，因此不利于整个企业的正常运转。

（2）实施"多级考核、多级分配"的另外一个重要原因是：对于大中型公司来说，人力资源部对每位员工的工作能力、工作行为和工作成效并不是很清楚，如果由其来对所有员工来进行考核评价，其结果并不见得客观公正。相对来说，员工的直属上司和所在部门负责人对其的了解则更为全面、深入、系统，因此由其来对自己的下属进行考核是比较合理的。

（二）非人力资源管理部门经理的职责

综上所述，在现代企业中，非人力资源管理部门的经理们也需要承担起比原来更多的人力资源管理职责。具体到绩效管理而言，他们需要做好以下几个方面的工作：

（1）根据公司对本部门、本基层单位①的考核要求，制订本组织的工作计划和工作目标。

（2）将这些工作计划和工作目标合理分解落实到每位员工身上。

（3）在绩效计划实施过程中，围绕员工的工作进度和工作成效进行合理的监控、沟通和辅导。进而，推广先进经验，解决现实问题，指导员工成长。

（4）对所属员工进行科学合理的绩效考核，并将考核结果反馈给员工。与员工就考核结果达成共识，帮助员工制订下一周期的绩效改进计划。

（5）根据考核结果对员工进行绩效工资或绩效奖励分配。

（6）对本部门内部的绩效管理系统（即前文所说的绩效管理小循环）的运行情况进行监督把控，必要时进行优化改进。

总结为一句话：非人力资源管理部门的经理人在绩效管理系统中所扮演的角色，其实就是部门内部绩效管理小循环的设计实施和动态优化者。如果再具体一些，就是部门目标的分解者，绩效监控、绩效沟通、绩效辅导、绩效评估和绩效反馈的实施者。

【复习与思考】

1. 你更认同绩效的"行为观""结果观"还是"综合观"？为什么？
2. 为什么绩效管理要坚持目标导向和全过程管理？
3. 在绩效管理系统中，人力资源部应该担负起哪些职责？为了将来能够更好地担负起这些职责，你现在应该有目的、有计划地培养和积累哪些方面的综合素养？
4. 请简要说明绩效管理的小循环。
5. 为什么现代企业越来越注重"多级考核、多级分配"？
6. 在绩效管理系统中，高层领导和非人力资源部门的经理人要切实承担起哪些职责？为了将来能够更好地担负起这些职责，你现在应该有目的、有计划地培养和积累哪些方面的综合素养？

---

① 为简化表述，以下如无特别说明，均以"组织"来指代。

【案例分析与创新探索】

如果由你来具体负责，应该如何决策？[1]

韩国 A 海运株式会社成立于 1977 年，目前是世界上名列前茅的国际海运公司。该公司拥有集装箱船、特种气体罐装船和散装船等 150 余艘，设备完善的现代化集装箱码头 10 余座，在世界 80 多个国家设立了 360 余家代表处（或分理处），全球服务网络覆盖了六大洲、75 个港口、6 000 多座城市。

其中国公司成立于 1995 年，总部坐落于上海浦东，为韩国独资企业，注册资本 1 036 万美元，目前拥有员工 1 160 多人。它以韩国公司的服务网络为依托，在中国内地各城市开设了 9 家分公司和 60 多家办事处，主要业务包括：为韩国公司揽货，缮制和签发提单，签订海运服务合同，收取和汇寄运费。

一、人员情况

其上海分公司的员工情况：职能部门经理及分公司总经理均为韩国人，总人数 360 多人。其中，35 岁以下占 85%，35~45 岁近 40 人，45 岁以上 3 人；基本为大专以上学历，本科 239 人，研究生 19 人；公司没有专门的人力资源部，只在"公司管理部"下设行政/人事组，有正副经理各 1 名，公司秘书辅助做一些日常工作。

分公司的员工招聘简单、随意，虽然建立了一些零碎的培训制度，但实施效果并不理想。而且，员工中上海本地人很少，基本为来自全国各地的"外乡人"。

二、考核与薪酬情况

韩国人的薪酬由母公司决定；绩效考核非常简单，只是做一些简单的统计；员工的月工资包括岗位工资、年功工资、绩效奖。其中：

(1) 岗位工资主要由岗位级别决定，占总薪酬的近 80%。

(2) 年功工资与服务年限有关，每年递增。

(3) 绩效考核只考德、能、勤、绩，且基本是相互照顾，走走过场。

(4) 绩效奖励约占员工总薪酬的 15%。

(5) 在福利方面，包括养老保险、医疗保险、失业保险、工伤保险、公积金、餐饮补贴、补充医疗保险、人身意外伤害险，以及小额节假日礼金。

三、当前所面临的问题

(1) 由于绩效考核简单，不能给员工一个公平合理的"说法"。

(2) 薪酬水平不高（相对于其他外企），且多年来上升缓慢，与国内大公司相比并不具有绝对优势。

(3) 激励性薪酬偏低，业绩好的人觉得吃亏。

(4) 薪酬结构单一，不能激励大家提高业绩；并且晋升通道狭窄，很多人看不到未来发展的希望。

---

[1] 周施恩，等. 人力资源管理导论 [M]. 2 版. 北京：首都经济贸易大学出版社，2023.

四、不良后果

无论是精英人才还是业绩一般的员工，大家都没有归属感和事业心。很多能干的人才都把这里当成练手的中转站，平时没积极性，一有机会就跳槽。而不能干的人则选择留下来，牢骚满腹地混饭吃。

【讨论与创新】

1. 毕业后，你愿意到这样的公司工作吗？为什么？
2. 你认为，该公司目前所面临的发展瓶颈在哪里？
3. 结合本章内容，查阅相关文献，请你尝试提出韩国 A 海运株式会社的绩效管理改进计划。

第二章　绩效计划的初步制订

本章至第六章主要讲绩效管理循环及绩效考核结果的综合应用。这是绩效管理的核心内容，同时也是企业在绩效管理实际操作中的重点和难点。俗话说"良好的开端是成功的一半"，绩效计划的好坏，从一开始就为绩效管理的成败和优劣埋下了伏笔。

学习目标
√ 掌握绩效计划的含义及主要特征
√ 熟悉绩效计划制订阶段的沟通要点
√ 理解绩效管理的大循环
√ 掌握绩效指标的含义及构成要素
√ 熟悉绩效指标的主要类别
√ 熟悉绩效指标提取的主要方法及其优缺点和适用范围

【引导案例】

小李的委屈与反驳

小李很有才华，在大学期间兼任校团委的新闻记者，写出了很多颇受广大师生欢迎的新闻稿件。大学毕业后，小李成功获聘A公司总经理秘书。其日常工作主要是帮助总经理起草文件、编制报表、撰写报告、收发传真和电子信件等。

小李很珍惜这次机会，平时在工作中也非常认真。但是在年底的绩效考核中，总经理给他打了一个较低的分数。总经理认为，小李起草的文件和报告没有达到工作要求。原来，小李的文笔虽然很好，本人也足够努力，但他所擅长的神采飞扬的表现手法并不太适合在公司的正式文件中使用。在字数方面，小李的文章有的段落写得过长，而有些则过短。

小李是一个非常有个性的员工，他认为自己已经很努力了，还经常加班加点赶稿子，但总经理却给自己打了这么低分数，他认为这是不公平的，于是就去找总经理"理论"。当总经理说出给他打低分的原因时，小李想也没想就提出了反驳："可是，我事先并不清楚起草文件的要求！也没有人告诉过我工作的标准是什么！"

小李的说法，让总经理思考了很久。

思考：
1. 在本案例中，总经理有什么错误？小李又有什么错误？
2. 如果你是小李，你会怎么做？
3. 如果你是总经理，你又会怎么做？

第一节　绩效计划的制订过程

"计划"作为动词来讲，是指对未来做出某种筹划或安排。比如：某学生计划到大学毕业时能找到一份好工作。

当然，光是在心里想着要找到好工作是不够的，这位同学还要做出相应的安排。比如：上课认真听讲，充分享受课堂授课的思想盛宴；课后及时复习，及时巩固和拓展课堂上所学的知识；课余时间，多开展社会调研，多参加集体活动，以培养自己的研究能力、团结协作能力和组织领导能力；平时多锻炼身体，多读一些有益的文献，以健康身心，增广见闻。最终，到毕业前能够在专业能力和综合素质上超越大多数在校生。在这里，"找到好工作"是目标；认真学习、积极参与、锻炼身体、广泛涉猎等丰富多彩的各种活动，是实现目标的具体安排；"超越大多数在校生"，是各项具体活动安排的验收标准。三者的有机组合，才是较为完整的计划。

从这个案例中可以看出，目标、行动（含时间安排）、各项行动的验收标准等，是构成有效计划的基本要素，三者缺一不可。

一、绩效计划是什么？

在新的绩效周期开始前，管理者与员工一起，就新绩效周期内员工需要实现的目标、完成的工作以及各项工作的验收标准等内容进行沟通和确认，最终达成一致并签署目标责任书。这份双方认可并共同签署的目标责任书，就是绩效计划。

应用举例：小李是 B 公司的培训专员。3 月末（新绩效周期开始前），张经理与小李就其 4 月份（新绩效周期）的工作计划进行沟通，达成共识并签署一份绩效计划（见表 2-1）。

表 2-1　小李 4 月份的绩效计划书

责任人：小李　　　　　　　　工号：1688　　　　　　　　所在部门：人力资源部
岗位名称：培训专员　　　　　　岗位编号：HR-015　　　　　直接上司：培训经理

序号	工作目标	工作内容	工作计划	验收标准	计分办法
1	安全生产"零事故"（权重40%）	安全生产培训（公司对作业部主任培训；作业部主任对所属员工培训）	4月7日下午，对作业1~6部主任和副主任进行培训	总体参训率不低于95%；总体合格率100%	总参训率每降低5%，扣2分；每提高1%，加0.5分。总合格率每降低5%，
			4月14日下午，对作业7~13部主任和副主任进行培训		

续表

序号	工作目标	工作内容	工作计划	验收标准	计分办法
2	实现旺季（5、6月份）销售同比增长10%（权重40%）	销售人员培训	4月5日下午，对南区、西区销售人员进行培训 4月12日下午，对东区销售人员进行培训 4月19日下午，对北区销售人员进行培训	总体参训率不低于95%；总体合格率100%；总体满意率不低于85%	扣2分。总体满意度每降低5%，扣2分；每提高3%，加1分
3	圆满履职（权重20%）	完成本岗位职能工作	由上司部署，或根据实际情况自主开展	按时完成工作验收	每出现一次失误（延迟、疏漏等），扣0.2分

二、绩效计划谁来做？

在人力资源管理理论诞生以前，员工的工作目标、工作任务和验收标准等通常都是由上司制定的，员工只能被动接受（请参阅本书第七章）。1968年，美国马里兰大学心理学教授洛克（Edwin A. Locke）提出了著名的目标设置理论（Goal-setting Theory）。洛克教授和他的同事通过大量研究发现，大多数的激励因素（如奖惩、工作评价和反馈、期望、压力等）都是通过目标来影响工作动机的。因此，尽可能设置合适的工作目标，并且要能够被员工接受，是激发员工持续努力工作的重要保证[1]。

小贴士

有的放矢

射箭如果没有明确的靶子，就是乱射一气，毫无价值可言，甚至还会对自己人造成不必要的伤害。

工作也是一样。如果员工们不知道要做什么，或即便上司安排了工作但没有提前设定目标，那么员工们就会像无头苍蝇一样，不知道要做到什么程度，不清楚自己工作的好坏，大家乱作一团、盲目作为，既浪费了宝贵资源，又错过了发展时机。这样的公司显然是没有任何前途的。

根据上述理论研究成果，为了更好地发挥激励作用，现代企业中的绩效计划普遍都是由员工的上司和员工本人共同制订的（容易被员工理解、认同和接受）。当然，如

---

[1] 周施恩. 人力资源管理高级教程 [M]. 2版. 北京：清华大学出版社，2022：153.

果双方在制订绩效计划过程中遇到任何问题，都可以向人力资源部的绩效专员咨询，以获得必要的技术支持。

随着新入职员工越来越强调自我感受和个人权益，由上司和员工本人共同制订绩效计划的现象越发普遍。回想本书第一章关于"理解工作的价值和意义"的小贴士，你对这一现象就会有更深刻的理解和认识。

三、绩效计划的特征

通过上述分析，我们就可以归纳和总结出绩效计划的主要特征。

（一）好的绩效计划，需要上司与员工共同制订

通过充分沟通和共同制定，可以加深员工对工作意义和价值的理解，提高员工对绩效目标、具体行动和验收标准的认知程度，从而使绩效计划更容易被员工所接受，提高员工的参与感、成就感和满足感。

（二）好的绩效计划，是对员工工作的重要指引

好的绩效计划，约定了在员工在考核期内需要做什么、在什么时候做、需要达到什么样的标准等重要信息，从而形成了对员工工作的重要指引，使员工可以有计划、有步骤地开展工作，而不是毫无章法地"眉毛胡子一把抓"。

现在让我们来回顾一下本章的引导案例。在该案例中，小李虽然很有才华，但由于"不清楚起草文件的要求"，也没有人告诉过他"工作的标准是什么"，尽管他"平时在工作中非常认真"，但还是在年底考核中得了较低的分数。问题的症结就在于缺乏一个好的绩效计划的指引。

（三）好的绩效计划，是一份关于工作的重要契约

经双方认同并签字确认的关于工作目标、具体行动和验收标准的绩效计划书，既可以对员工的工作形成指引，同时也是上司和员工共同签署的一份契约。如果签署的内容和程序不违法，该契约就具有法律效力。

在本章引导案例中，如果总经理和小李制订了比较完备的绩效计划，那么到年底时，总经理按照事先约定的工作标准和评分办法，对照小李的工作成果进行客观打分，那小李就不会对考核结果有异议。而且如果小李事先知道了工作标准，按照标准要求完成工作，其考核得分也就不会低。如此一来，总经理得到了想要的工作成果，小李拿到了自己应得的绩效奖励，双方皆大欢喜。

四、绩效计划制订阶段的沟通要点

（一）员工的上司

充分的沟通是制订良好绩效计划的重要前提。在绩效计划制订阶段，上司需要与员工重点沟通的内容包括：

（1）企业的整体目标是什么？比如：安全生产"零事故"；实现旺季（5、6月份）销售同比增长10%。通过传达企业的整体目标，可以使员工真正理解自己工作的价值和意义之所在，从而干劲倍增。

（2）为了支撑这样的整体目标，各部门需要做些什么？比如：举办安全生产方面的培训，对销售人员进行培训。通过明确工作任务，可以使员工知道自己将来要做什么，从而做出统筹安排，确保工作有序进行，也就没有必要去拼什么"996"。

（3）工作要达到什么样的标准？比如：总体参训率不低于95%；总体合格率100%；参加培训的销售人员满意率达85%。有了明确的验收标准，员工就知道朝着什么方向努力，以及努力到什么程度，从而做到心中有数。

（4）工作在什么时候完成？比如：当年4月份完成。通过明确的时间安排，可以帮助员工有节奏地开展工作，在工作场所实现"快乐"和"高效"的有机统一。

小贴士

拖延症

拖延是一种普遍存在的现象。一项调查显示，约75%的大学生认为自己有时拖延，50%的大学生认为自己一直拖延。严重的拖延症会对个体的身心健康带来消极影响，比如：自责、自我贬低、负罪感，甚至会伴有焦虑、抑郁等负面心理倾向。

对各项工作设置合适的截止时间，通过有计划的安排，可以适度减少拖延现象，帮助员工提高工作效率，树立战胜"拖延症"的内在自信。

（5）针对员工知识、技能和经验上的不足而进行重点指导。比如：提醒员工准备好签到表、签字笔和饮用水；及时与培训讲师沟通，提前确认培训内容、时长、授课方式、结业考查方式；提醒培训师在培训中应注意的问题等（比如：不能有意识形态错误，不要涉及敏感的民族宗教禁忌等）。

（6）其他需要向员工重点沟通的问题。在这一点上，工作内容、工作环境和员工特点因人而异，需要管理者根据实际情况动态把握。

（二）员工本人

在绩效计划制订阶段，员工需要与上司重点沟通的内容包括：

（1）自己对工作目标和工作计划的理解。比如：鉴于安全生产的操作规程和操作要领已经进行过多轮培训，目前全体员工基本都已经掌握。因此，此次培训的重点不是规程要领培训，而是进一步强化安全意识，加强对违规操作员工的督促、检查和扣罚。所以，此次安全生产的培训对象确定为作业部的主任和副主任，只要他们认识到了安全生产的重要性，通过"班前宣贯""班中检查""内部奖惩"，就可以达到预期目标。

（2）自己的工作计划和打算。比如：为不影响正常的生产经营，将对作业部主任和副主任的培训安排在周五下午，分两批进行培训，每个班次时长150分钟；对销售人员的培训安排在周三下午的例会（每周三，全体销售人员下午回公司参加例会）之后，分三个批次进行，每个班次时长为 120 分钟。凡是培训当天有紧急任务的人员，均可以参加另外批次的同类培训，只要合格即可，不影响个人培训的业绩档案。

（3）自己不清楚的地方，需要向上司核实确认的问题。比如：对于销售人员的培训，以闭卷考试的方式进行验收是否可以？对于作业部主任和副主任回去后所开展的对所属员工的安全培训，是否需要他们拍照留证并提交员工签到表？

（4）向上司申请必要的支持和所需的资源。比如：内外部讲师的讲课费，编制网络考卷的费用，以及用于对培训积极分子奖励的小礼品等。

小贴士

管理自己的上司

管好下级，既出于上司的职权，同时也是上司理应肩负的责任。但近年来，"管理自己的上司"正逐渐被越来越多的人所认可。

举例来说：如果某企业老板不重视员工培训，人力资源经理对其听之任之是不负责任的表现，而公然"唱反调"也并非明智之举。此时最正确的做法是精心组织能够"立竿见影"的培训，使老板切实看到培训的重要价值，比如良品率提升，销量增长，投诉率下降等。

同时，在日常沟通中注意以"润物细无声"的方式向老板灌输正确的培训理念，让其充分理解员工培训与企业长期健康发展的关系。老板们普遍都比较精明，也很善于举一反三。他们对有价值的新鲜事物的认知速度，通常要比一般人快得多。

如果你能够切实做好上述几个方面的工作，老板就很容易做出这样的判断：培训是非常重要的，你是一个有责任心的人，而且工作卓有成效。从这个案例中可以看出："管理自己的上司"，精髓在于正确有效的沟通和"货真价实"的证明。

普通员工与其上司的绩效沟通，道理和做法也是一样的。

第二节　绩效计划的主要内容

现在，我们已经对绩效计划的制订有了初步了解。下一步要回答的问题就是绩效计划的内容来源于哪里？我们在第一章提到，现在规模以上企业的绩效管理是分层次进行的，那就让我们先从绩效管理的大流程说起。

一、绩效管理的大循环

所谓绩效管理的大循环，是指从公司年度经营目标开始一直到员工个人（绩效管理的末端）的绩效管理的全过程。

在图 2-1 中，虚线之上的部分，从"公司经营目标"开始一直到"部门目标确定"，一般是由公司企业发展部（简称"企发部"）和人力资源部、财务部等部相关部门共同完成的。虚线之下的部分，即本书第一章简要介绍过的绩效管理的小循环，一般由各部门负责人（或员工的直接上司）与所属员工共同完成。两者的有机结合，就反映了公司整体目标的分解过程。

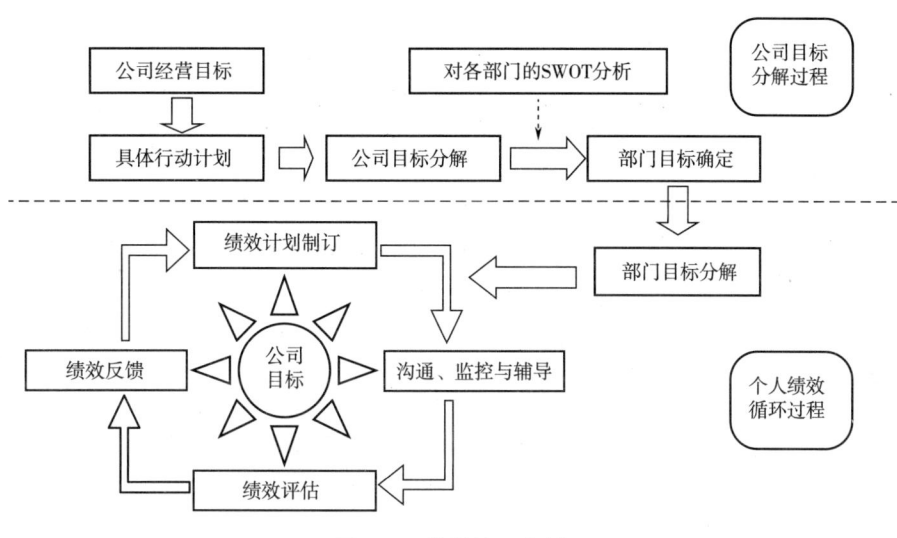

图 2-1 绩效管理大循环

二、公司级绩效计划

公司级绩效计划，可以说是公司年度经营目标和经营计划的细化。下面以北京某骨干交通企业下属 D 公司为例来进行说明。

（一）年度经营目标与重点工作任务

结合集团公司对 D 公司的考核要求，以及 D 公司的发展战略和当前自身的实际情况，D 公司所确定的 20××年年度经营目标如表 2-2 所示，当年的重点工作任务如表 2-3 所示。

表 2-2　D 公司 20××年年度经营目标（节选）

序号	经营目标	指标值	备注
1	实现安全生产年 （安全生产"零事故"）	安全事故类指标折合"一般 A 类事件"不超过 1 件	—
2	持续提升服务水准	服务负面事件折合"一般三类事件"不超过 45 件	—
……	……	……	……
8	确保企业经济效益	年度经营收入 X 亿元，净利润 Y 亿元	—

续表

序号	经营目标	指标值	备注
合计	8 大项	13 小项	—

表 2-3 D 公司 20××年重点工作任务清单（节选）

序号	经营目标	具体任务/目标值	备注
1	完成公司年度财务指标	1. 资产负债率控制 45%以内 2. 国有资本保值增值率 105% 3. 净资产收益率 10.2%	—
2	实现旺季广告销售同比增长 10%（5、6 月份）	1. 车厢广告收入增长 5% 2. 站厅、站台广告收入增长 15% 3. 其他广告业务收入增长 12%	—
3	汛期防汛及隐患治理	1. 完成安全保护区"侵界树木"修剪的检查验收 2. 配合地方政府，按时完成低洼站前广场改造方案 3. 防汛物资的储备与配置 4. 突发情况专项预案的组织实施	—
……	……	……	……
32	提升公司生产经营的智能化水平	1. 重要设施（39 项，具体名称略）第三方数据标准化与可视化平台完成验收 2. 重要设施设备（125 项，具体名称略）完成远程智能化检测系统调试与验收	—
合计	32 大项	107 小项	—

（二）公司级绩效计划的主要内容

根据上述经营目标和重点工作任务，D 公司企发部会同人力资源部、财务部等部门，将上述目标分解落实到相关部门和单位，并编制截止时间和验收标准。在此过程中，他们会与具体承办部门的负责人、公司级分管领导等人进行充分沟通、协商和确认（即图 2-1 中虚线之上的部分）。在公司级绩效计划制订阶段，多方沟通的内容主要包括：

（1）年度经营目标的分解。比如：生产经营单位所需承担的收入指标和利润指标各是多少，各部门的成本预算控制额，等等。

（2）重点工作任务的分解落实。比如：哪个部门或单位（以下简称"部门"）来完成安全保护区侵界树木修剪，哪个部门来完成防汛物资的储备与配置，等等。

(3) 各项工作的完成时间、验收标准、验收人。比如：安全保护区侵界树木修剪工作什么时候完成，哪个部门去验收，按照什么标准来验收，等等。

(4) 针对各项指标和重点工作任务完成情况的奖惩办法。比如：如果超额完成收入和利润指标，应该怎样奖励？如果没有按时完成任务，应该怎样扣减绩效考核得分？

经过上述环节的沟通、协商与确认后，经过公司党委会前置研究、总经理办公会审批，正式形成公司级绩效计划书。再经过各部门负责人与公司总经理共同签署后，形成一份公司与各部门共同遵守的契约——其名称，在大多数公司里为"年度经营目标责任书"；其性质，为一份具有法律效力的内部生产经营合同①。

三、部门级绩效计划

部门负责人与公司总经理签署的年度目标责任书，即其所在部门全年的绩效计划书。当然，绩效计划书中的工作任务是部门负责人个人所无法完成的，其中的大部分任务都需要分解落实到员工身上。

比如：张经理把"实现安全生产年"和"实现旺季广告销售同比增长10%"两项任务分解落实到了小李身上（见表2-1）。当然，仅仅完成公司级绩效计划书中的内容是远远不够的。为了完成公司制定的目标，各部门还需要做大量的配套工作。

小贴士

目标与行动

一般来说，行动的内容要永远大于目标要求。举例来说：你是一位团长，你接到的军令是"24小时内，不惜任何代价拿下敌方据守的521高地"。

为实现这一目标，你要了解敌方的兵力部署和武器装备，了解521高地附近的地形地貌，以及未来几天的天气情况；制定作战方案和备用预案，向上级争取火力支援；确定主攻部队，建立预备队；调配武器弹药，分发单兵口粮；加紧战前动员，传达作战命令；以及做好时时侦察，确保随机应变，等等。

总之，一个简单的目标往往需要非常繁琐的周密部署。而国内外"血淋淋"的经验教训反复证明，这一切周密部署和密切监控，永远都是值得的。

在这一阶段，员工与部门负责人签署的部门级绩效计划的内容，一般来源于以下几个方面：

(1) 公司级绩效目标和绩效计划的分解。比如："实现安全生产年"和"实现旺

---

① 在大多数国有企业中，一般也都有"年度党建重点工作任务"，其分解落实的过程与"年度行政类重点工作任务"基本相同。只是负责任务分解和绩效计划制订的主控部门，换成了党委组织部或党委工作部；签署人由各部门负责人和公司总经理，变成了基层党组织书记和公司党委（党总支）书记。

季广告销售同比增长10%"的分解落实。

（2）员工所在岗位的岗位职责。比如：小李是培训专员，其职位说明书中的培训需求分析、培训组织实施、培训效果评估、内部培训师选拔、外部培训师联络、师资库建设、培训教材建设、培训基地维护、培训材料准备、全年培训总结等，都可以根据实际情况列入其每个月（或年度）的工作计划书之中。

（3）当前工作中的短板和弱项。比如：经调查，公司各部门负责人对绩效反馈工作普遍抵触，每月对员工的绩效反馈基本是走走过场，没有起到绩效反馈的预期效果（关于绩效反馈的详细说明，参见本书第五章）。于是，在与小李进行充分沟通、达成共识后，张经理将"组织开展对各部门负责人绩效反馈的专题培训"列入到了小李5月份的绩效计划之中。

（4）领导反复强调的问题所在。比如：很多领导反映，部分年轻人责任心不强，在关键时刻"顶不上来"。针对此类问题，人力资源部可以考虑设计关于责任落实、绩效奖惩方面的激励机制。同时配套相应的关于责任、荣誉与个人成长方面的理念性培训。

需要引起特别注意的是，由于理念性培训相对抽象，因此在课程内容上需要精心设计，在师资选择上要"敢于花钱"，一定要聘请高水平培训师，否则不仅起不到预期效果，很多时候还会有反作用——导致员工产生逆反心理。

小贴士

为什么要重视领导的意见？

一些年轻人认为，重视领导的意见就是"拍马屁"，其实不然。

真实的情况是，企业里的"好事"和"坏事"都会通过各种正式（书面报告、会议汇报等）和非正式（打小报告、吹耳边风等）的沟通汇聚到领导那里，他们所掌握的信息比较全面。加之，大多数领导都是从基层干上来的，基层的大多数事情他们都经历过，甚至亲自处理过。他们通过对比分析，就很容易对事情的真伪做出相对客观的判断。

举个现实的例子：你所做的"坏事"，领导们基本不出24小时就知道了。之所以没有对你马上进行批评，不是他们对你的事情不了解，也不是对你没有意见，他们只是在等待恰当的时机而已。

综上所述，领导的意见往往是对企业现存问题的集中反映，通常也为各部门补短板、强弱项指明了一条捷径。

（5）其他需要纳入绩效计划之中的因素。诸如：他山之石——其他部门或其他企业优秀员工的先进做法，固本强基——员工需要加强的某类知识、技能和经验（比如加强时间管理，提高工作效率，减少不必要的加班），等等①。

总体而言，虽然公司级年度绩效计划是企业日常工作的重要纲领性文件，但由于公司级绩效计划的制订一般只涉及公司企发部、人力资源部、财务部、党委组织部（或党委工作部）等少数部门和人员（如公司领导），目前国内外主流文献大多没有提及。但本书认为应该给读者一个关于目标分解与绩效计划制订的全貌，在此多花了一些笔墨，对绩效管理的大流程（大循环）进行了简单梳理。如无特别说明，本书在以后章节中所谈到的绩效计划，基本以员工与其上司（部门负责人）共同签署的部门级绩效计划为主——即围绕绩效管理小循环而展开②。

第三节 绩效指标提取

通过上面的分析可以看出，绩效计划的主体是一项项的绩效指标或工作任务。因此可以说，绩效计划制订中最重要的工作就是绩效指标和工作任务的设计、完善与有机组合。这是绩效管理的起点，也是决定绩效管理效果好坏最为关键的第一步。

一、绩效指标定义

绩效指标是绩效考核的内容和载体，是评价员工在完成某项工作方面做得好与不好的评判依据。提前设计好指标，大家有了共同的约定，也就有了明确且共同认可的"游戏规则"，是有效避免暗箱操作和潜规则的重要制度安排。

小贴士

暗箱操作和潜规则

当选人用人、资源和权力分配等重要决策等没有明确规则的时候，就给暗箱操作留下了制度空间——个别居心不良的管理者，会假借各种冠冕堂皇的理由做出对自己有利的决策。这一现象，在西方经济学中通常被称为"权力寻租"。

在这样的环境里，那些"精致的利己主义者"会主动投其所好，通过各种各样的行贿受贿（包括但不限于金钱贿赂）来为自己谋取利益，因此就逐渐形成了所谓的"潜规则"。

在规则明确、程序公正、结果公开且有严肃追责条款的制度环境里，暗箱操作的空间受到压缩，通过潜规则为自己谋取利益的风险加大。当"胡乱作为"或"不作

---

① 从这个角度看，整天抱怨老板强制"996"的 HR 是无能的。正确的做法是通过科学分析，找到问题症结，优化工作流程，设计实施相关培训，通过提高单位时间内所创造的价值来减少"996"现象。
② 本书目的只有一个，那就是为"未来祖国的建设者们（即坐在讲台下听课的学生和正在阅读本书的你）"多做些有益的事情。不当之处，还请大家多多指教。

为"的风险成本明显大于不当得利的时候，暗箱操作和潜规则等不正之风就会得到有效遏制。这就是党和国家反复强调的要使干部"不能腐"（没有制度空间）和"不敢腐"（后果很严重）的重要理论依据。

二、绩效指标的构成要素

一般而言，一个好的绩效指标应该包含四个构成要素。

（一）指标名称

指标名称即指标的名字或称谓，例如人才流失率、培训合格率、净资产收益率。

（二）指标定义

指标定义即对指标含义的明确规定。

(1) 指标定义有时是以计算公式的形式出现的。比如：

员工参训率＝实际参加培训的员工数量÷应该参加培训的员工数量[①]×100%

(2) 指标定义有时是以名词解释的形式出现的。比如：

培训满意度，是指采用公司《员工满意度调查问卷》对参加培训的员工进行问卷调查的打分结果。

不论是以公式的形式还是以名词解释的形式，只有对绩效指标有了清晰而准确的定义，才能够使大家对考核内容达成共识，避免因理解上的偏差而出现对考核结果的争议。

课堂讨论：

请大家尝试给出"人才流失率"的定义，并以小组的形式进行讨论、总结和完善。

（三）目标值

目标值即在某项指标上预期达到的数值。比如：参训率不低于95%，培训合格率达100%，净资产收益率不低于25%。

（四）计分办法

计分办法即计算某项指标得分的主要依据。比如：

(1) 参训率每降低5%，扣2分；每提高1%，加0.5分。

(2) 培训合格率目标值为100%，权重5%（按百分制计算，实际"配分"为5分）。得分计算公式：

参训合格率指标得分＝本指标的配分×（实际完成值÷目标值）

(3) 净资产收益率每降低2%，扣5分；每提高2%，加5分。

需要说明的是：加减分标准可以是对称的，如上面的净值产收益率；可以是不对称的，如上面的参训率；还可以按照百分比进行折算，如上面的培训合格率。设计计分办法要综合考虑指标的重要程度、完成指标的难度、指标的性质等（详细分析参见

[①] 应该参加培训的员工数量，不包括因病、因事而无法参加培训的员工。

本书第三章"绩效指标的精确设计")。

三、绩效指标的主要类别

(一)定量指标与定性指标

有些指标是可以用明确的数量来进行衡量的,比如收入、成本、产量、良品率。而有些指标则是不能用准确的数量来进行衡量的,比如敬业度、创新精神、工作主动性,等等。

1. 定量指标

对于定量指标,我们只需按照既定的目标值和计分办法,对照员工实际工作成果就可以计算出某项指标的得分。

2. 定性指标

对于定性指标,我们还需要进一步明确打分的依据,以确保绩效考核得分的计算有着相对统一的规范。

关于定性指标的处理办法,可参照以下两个示例:

示例2-1 调研报告的质量

员工姓名:小李　　　　　　　所在部门:人力资源部　　　　　　打分人:张三丰(经理)

优秀 (90~100分)	良好 (80~89分)	合格 (60~79分)	不合格 (59分以下)	实际得分
几乎不用修改	总体很好,只有少量内容需要修改	总体可用,需要较大幅度修改	基本不可用,需重新撰写	83分

示例2-2 工作主动性

员工姓名:小李　　　　　　　所在部门:人力资源部　　　　　　打分人:张三丰(经理)

优秀 (90~100分)	良好 (80~89分)	合格 (60~79分)	不合格 (59分以下)	实际得分
能够举一反三,超越领导期望	仅能按时完成领导布置的任务	需要经常提醒、督促,但大部分任务都能按时完成	超过20%以上的任务不能按时完成	92分

(二)内部指标与外部指标

所谓内部指标,是指公司内部可以完全掌控或统计计算的指标,比如良品率、单位产品的生产成本、人才流失率等。所谓外部指标,是指公司内部不能完全掌控、需要外部数据才能核算的指标,比如市场占有率(需要同类产品的市场销售额)、本公司在所有竞争者中的收入排名等。

1. 分析外部指标的主要价值

一般而言,外部指标常用于竞争性分析,比如:通过对总收入排名的分析,可以判断本公司在市场中的地位[1];通过将总资产(或净资产)收益率与竞争对手的对比分

---

[1] 实际上,无论是《福布斯》杂志还是《财富》杂志所公布的"世界500强公司"榜单,都基本是按照公司的总收入排名的。

析，可以判断本公司的盈利能力。

2. 分析内部指标的主要价值

一般而言，分析内部指标则主要用于公司内部管理的改善，比如：通过良品率的提升，降低公司生产成本；通过产能利用率的提升，提高公司的固定资产收益率。

3. 财务指标与非财务指标

所谓财务指标，一般是指可以用金额来进行统计计算的指标，比如收入、利润、原材料价格、管理费用等。所谓非财务指标，一般是指不能用金额来进行统计计算的指标，比如主动性、创新性、响应率、到位率、修复率等。

4. 绝对指标与相对指标

所谓绝对指标，一般是指可以用具体数值来进行衡量的指标，比如收入、员工总量、销售费用等。所谓相对指标，一般是用某数值在另一数值中的占比来进行表示，比如总资产收益率、销售费用在销售收入中的占比等。

小贴士

相对指标有什么用？

绝对指标可以反映总量的大小。比如在同行业中，A公司年净利润10亿元，B公司年净利润6亿元。从绝对量来看，A公司比B公司更能赚钱。但这组数据不能反映两家企业真实的盈利能力，此时我们就需要用到相对指标。

比如：A公司净资产100亿元，员工10万人；B公司净资产50亿元，员工2万人。则A公司净资产收益率为10%，人均利润为1万元；B公司净资产收益率为12%，人均利润为3万元。从这组相对指标可以看出，B公司的盈利能力更强。

从上述分析可以看出，绝对指标可以衡量公司体量的大小。比如：A公司比B公司规模大、人员多、利润多。但相对指标可以反映不同公司真实的盈利能力。比如：B公司的净资产收益率和人均利润均比A公司高出很多。这可能反映出B公司比A公司的科技含量和（或）工作效率都要高（具体情况需要具体分析）。

课堂讨论：

现在请你思考一下，如果两家公司在其他方面没有显著差别，毕业求职时，你会选择哪一家公司呢？

四、提取绩效指标的主要方法

绩效指标及其组合的科学性和合理性决定了绩效计划质量的高低，是衡量绩效经理工作能力和工作水平高低的重要分水岭。总体而言，提取绩效指标的常用方法主要有以下六种：

（一）公司战略和年度经营计划解读法

1. 指标提取

顾名思义，这一方法主要是通过对公司战略和年度经营计划的解读来提取绩效指标，因此可以说是确保绩效管理战略相关性的重要途径之一。下面以 LX 公司为例，对通过战略解读法提取绩效指标的具体操作进行简要说明。

示例 2-3　LX 公司未来五年发展规划（节选）

确保公司传统硬件业务的净利润年均保持 6% 的复合增长率，为公司的战略转型提供强大财力支撑；开展与 HL 公司和 BD 公司的战略合作，实现优势互补和利益绑定，以城市智慧交通为引领，在智慧城市、智慧政府、智慧社区、智慧医疗等重点领域实现重大突破；到本规划末期，力争实现"智慧收入"在公司年度总收入中的占比达 15% 以上。以后每年以 45% 的符合增长率递增，力争用 10~15 年时间，实现公司从传统硬件公司到现代智慧公司的重大转型，在新时代继续保持领先优势。

通过对上述战略规划的解读，我们可以初步提取的战略性绩效指标包括：
（1）硬件业务的年收入、利润及其增长率。
（2）与 HL 公司和 BD 公司的战略合作进展情况。本指标为定性指标，需因地制宜设计验收标准。
（3）介入智慧交通的城市数量、线路里程、年收入、在总收入中的占比等。
（4）智慧城市（不含智慧交通）、智慧政府、智慧社区、智慧医疗等方面的进展，包括业务点的数量，收入及其在总收入中的占比等。

通过对年度经营计划的解读来提取绩效指标，与上述战略规划解读法基本类似，在此不再赘述。需要说明的是：通过战略解读法提取的指标大多为方向性指标（比如提高哪方面收入，实现哪方面成果等），每年的具体目标值、验收标准和计分办法等，需要根据当年的经营计划和经营目标来拟定，并与业务单位负责人、公司领导进行充分沟通、协商后予以确认。这就实现了公司战略和年度计划的有机契合。

上述一系列工作，一般由公司企发部来主导，并由人力资源部和财务部等相关部门给予配合。

2. 指标分解

总体而言，通过公司战略和年度经营计划解读法提取的绩效指标通常都非常重要（俗称"大指标"），一般只适合于公司对各机关部门、各基层单位及其负责人的绩效考核。对于大多数普通员工来说，一般是无法从公司战略和年度经营计划找到具体指标的。

比如，对企发部、法务部、人力资源部等部门的普通办公室文员来说，我们几乎无法将公司经营目标和经营计划直接落实到他们身上。对此，我们最直接的办法就是将部门所承担的指标进行分解，进一步分解成具体行动，并设置相应的绩效指标。比如，为了促进收入提升，对公司销售人员进行培训，并设置培训评估指标（见表2-1）；为了实现战略转型，着力做好智慧交通、智慧城市、智慧医疗等领域的人才招聘。

其次，我们也可以通过职位分析、短板分析、先进经验借鉴等多重方法，为其设计相应的考核指标，并确保这些指标对实现公司年度经营计划和长远发展战略是有重要支撑作用的。

（二）职位说明书分析法

1. 指标提取

现在规模以上企业基本都有职位说明书（也称"岗位说明书"）（见表2-4）。根据职位说明书提取绩效指标，可以作为公司战略和年度经营计划解读法的重要补充。

表2-4 DF公司市场部经理职位说明书

一、基本信息			
职位编号：DF-SC-01 职位名称：经理 职位等级：C		部门名称：市场营销部 直接上级：副总经理 直接下级：营销主管，营销专员	
二、岗位概要			
负责公司品牌管理、市场营销策划和产品销售规划等方面业务；负责做好部门内部管理工作；负责完成公司领导部署或交办的其他工作			
三、主要职责			
序号	主要责任	责任程度	备注
1	管理市场营销部各项事务，保障市场营销部门高效、有序运作；加强与其他部门协作	负责	
2	起草市场营销部门内部各项规章管理制度，并督促部门员工严格执行	负责	
3	组织市场调查和分析，并编制调查分析报告	负责	
4	编制公司市场营销规划，以及年度、季度和月度销售目标	负责	
5	协助财务部门，根据销售计划编制财务需求	协助	
6	根据销售情况，动态汇总、协调产品需求计划	负责	
7	指导监督销售部门做好客户信息档案库组建和管理	指导	
8	做好重要大客户维护工作	负责	
9	部门文化建设，制订本部门培训计划，组织编写培训资料	负责	
10	负责所属部门员工工作业绩考核与认定	参与	
11	完成上级交办的其他任务	负责	
四、基本要求			
教育背景及资格证书	1. 具有大学本科及以上学历； 2. 市场营销、工商管理等相关专业优先考虑		
工作经历	具有五年以上市场营销或产品销售相关工作经历		

续表

能力素质要求	具备较强的计划、组织管理能力和沟通协调能力； 具有较强的责任心、较强的学习能力； 有大局意识，工作积极主动，能够起到表率作用	
申报部门：市场营销部 日期：20××年11月		发布部门：企业发展部 日期：20××年11月

资料来源：周施恩，等．人力资源管理导论［M］．2版．北京：首都经济贸易大学出版社，2023．

根据职位说明书提取绩效指标，主要依据的是目标岗位的主要职责。提取绩效指标时，可以从时间、质量、数量、成本四个维度来考虑。下面以 DF 公司市场部经理职位说明书（见表2-4）为例来进行简要说明。由于篇幅限制，此处只对其中具有代表性的主要职责5和8进行举例说明。

主要职责5：协助财务部门，根据销售计划编制财务需求。可以考虑提取编制财务需求报告的及时性（时间）和财务需求报告的准确性（质量）两个绩效指标。

主要职责8：做好重要大客户维护工作。可以考虑提取大客户流失数（数量）和大客户维护成本控制（成本）两个绩效指标[①]。

课堂练习：

请大家根据表2-4中的其他职责，尝试为 DF 公司市场部经理提取绩效指标。

2．优缺点分析

（1）优点。根据职位说明书提取绩效指标的方法有三个显著优点：一是与目标岗位的主要职责密切相关；二是被考核人能够有效控制该指标的运行状况（比如培训经理控制"培训满意度"指标）；三是由于来源于岗位职责，被考核人容易接受（有点责无旁贷的意味）。

（2）不足之处。根据职位说明书提取绩效指标的方法有三个方面的不足：一是指标来源于一项项职责，指标之间的关联性不强，需要加强系统设计。二是职位说明书编制好以后，一般会连续使用多年。因此，根据职位说明书提取的绩效指标相对静态，不易体现企业经营目标和经营计划的持续变化。三是战略相关性相对较差。很多时候，我们是看不出其与公司战略之间的关联关系的。

3．适用范围

总体而言，由于根据职位说明书提取绩效指标具有上述优点和不足，该方法主要应用于以下几个方面：

（1）比较适用于对各机关部门的组织绩效考核——根据部门职责提取考核指标。

（2）比较适用于对中基层人员的个人绩效考核。

（3）较少用于对公司高层领导的考核。对公司领导的考核，指标一般来源于公司

[①] 当指标数较多且公司有严格的财务审批制度时，也可以将"大客户维护成本控制"这一指标放弃。因为在严格的财务审批制度下，拜访客户和宴请客户所需花费的资金都有严格的审批，就不需要再设考核指标了。

战略和年度经营计划（见表2-2和表2-3）。如果此类指标不能全部涵盖重要事项，也可以考虑将根据职位说明书提取的绩效指标作为重要补充。

（三）价值树法

1. 指标提取

绩效指标提取的价值树法起源于财务管理领域著名的"杜邦分析法"，最初用于评价企业的盈利能力、营运能力和偿债能力等财务分析，后被广泛应用于绩效管理中的绩效指标提取[1]。该方法以投资回报率为龙头，按照价值产出因素，逐层分解为多个财务指标。经过精心筛选之后，再将这些指标分解落实到相关责任人员身上。用价值树法提取绩效指标，一般包括四个主要步骤。

第一步：根据价值产出因素开发价值树（见图2-2）。

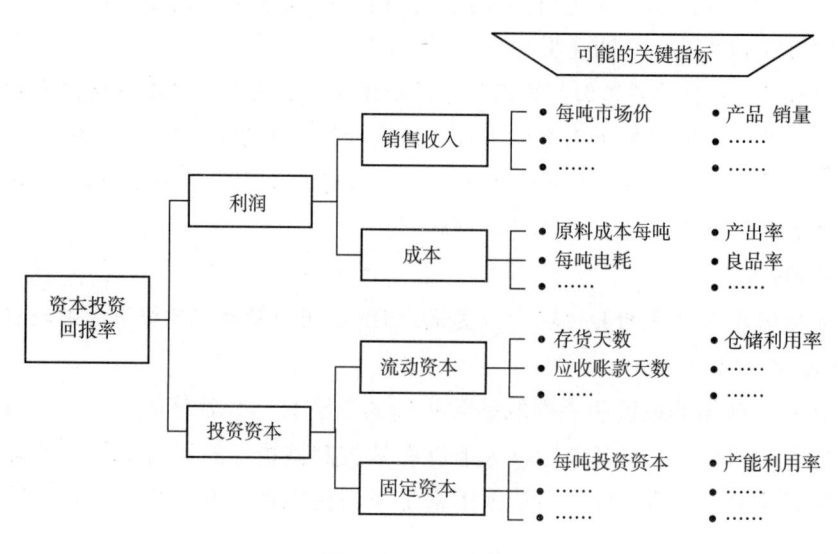

图 2-2 开发价值树

第二步：确定影响大的"关键业绩指标"，即对通过第一步提取的绩效指标进行筛选。在本案例中，筛选的主要依据为：如果该指标变化10%，则会对投资回报率产生多大的影响。用经济学术语来说，就是公司投资回报率对该指标的弹性大小（见图2-3）。

一般而言，弹性大的指标，可初步纳入考核指标体系之中；对于弹性小的指标，也不宜马上抛弃，而是暂时放入备选指标库中，以便将来作为补充。

第三步：将选定的指标交由相关部门或人员来执行。指标分配的依据，主要是看相关人员对该指标完成情况的影响力。谁对其影响力大，就考虑将该指标放在对谁的绩效考核之中（见图2-4）。

---

[1] 文静. 基于杜邦模型的企业盈利能力提升途径探究：以A公司为例[J]. 国际商务财会，2023（8）：58-61.

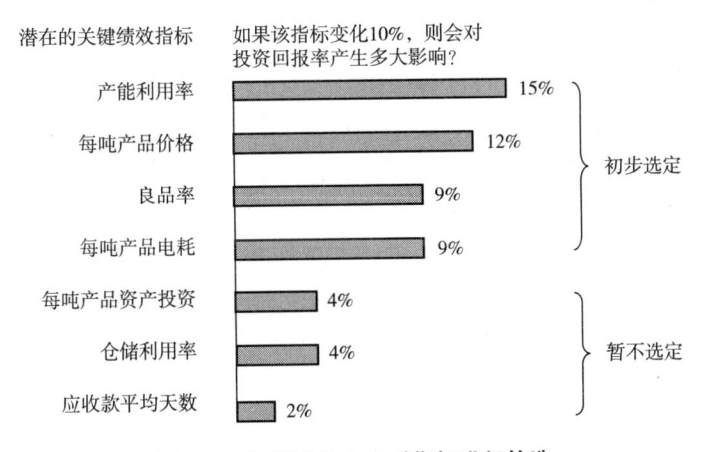

```
潜在的关键绩效指标    如果该指标变化10%,则会对
                    投资回报率产生多大影响?
产能利用率          ████████████ 15%  ⎫
每吨产品价格        ██████████ 12%    ⎬ 初步选定
良品率              ████████ 9%       ⎪
每吨产品电耗        ████████ 9%       ⎭
每吨产品资产投资    ███ 4%             ⎫
仓储利用率          ███ 4%             ⎬ 暂不选定
应收款平均天数      █ 2%               ⎭
```

图 2-3　依据弹性大小对指标进行筛选

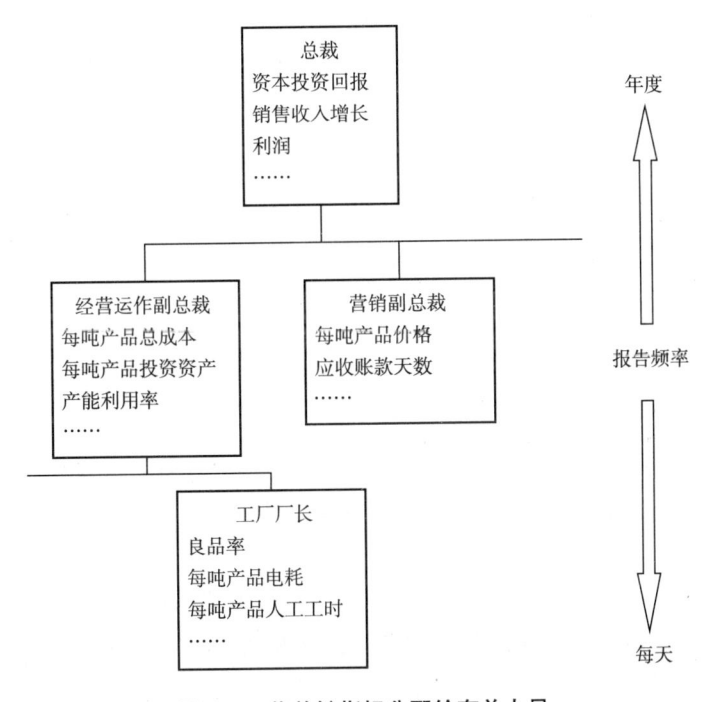

```
         ┌─────────────┐
         │ 总裁        │          ↑
         │ 资本投资回报│         年度
         │ 销售收入增长│
         │ 利润        │
         │ ……         │
         └──────┬──────┘
        ┌──────┴────────┐
┌───────┴──────┐  ┌─────┴────────┐
│经营运作副总裁│  │营销副总裁    │     报告频率
│每吨产品总成本│  │每吨产品价格  │
│每吨产品投资资产│ │应收账款天数  │
│产能利用率    │  │……          │
│……           │  └──────────────┘
└───────┬──────┘
        │
┌───────┴──────┐
│工厂厂长      │
│良品率        │
│每吨产品电耗  │
│每吨产品人工工时│                    ↓
│……           │                   每天
└──────────────┘
```

图 2-4　将关键指标分配给有关人员

第四步：确定关键绩效指标的目标值。根据宏观经济环境、市场竞争情况、企业发展战略、具体指标的历史数据等情况，综合确定每个关键绩效指标的目标值。在与有关人员进行充分沟通与协商并履行公司决策审批程序后，就可以下达执行了。

2. 优缺点分析

从上面的分析中可以看出，使用价值树分析法提取绩效指标具有以下特点：

（1）价值树不是一般的目标管理，也不是岗位责任制的简单翻版，而是贯穿始终的价值管理。因此可以说，价值创造是其核心灵魂之所在。

（2）价值树全面覆盖和直观展示了公司价值创造的全部过程，有助于人们对绩效指标价值和意义的理解。

（3）价值树清晰揭示了企业价值创造中的关键节点和关键路线，通过对此进行有效的计划和控制，可以有效提高公司盈利能力。

当然，使用价值树法提取绩效指标也有其明显的不足之处，主要体现在：聚焦在财务指标上，而对那些非常重要的非财务指标则几乎没有涉及，比如新产品研发、生产工艺的改良、精益化班组建设，等等。

3. 适用范围

综合上述分析可以发现，使用价值树法提取绩效指标主要适用于中高层管理人员，以及采购、生产、销售、物流等工作可以量化的职位，而对于人力资源部、法务部、党群工作等相对定性的职能部门的绩效管理，一般不太适用。

（四）鱼骨图分析法

鱼骨图由日本人石川馨发明，又名"石川图"。出于日本人所擅长的"改善"思维，鱼骨图最早被用来分析质量管理中的问题——通过找到原因来提出改进办法，因此早期的鱼骨图实质上是一种因果图。

1. 鱼骨图的开发

（1）开发逻辑。石川馨认为，一些重要因素导致了问题的出现，如果我们找到这些影响因素并用"鱼骨"的形式画下来，进而对这些原因深度剖析，就可以逐层找到形成问题的原因。最后，通过对这些影响因素的改善来实现解决问题的目的。

（2）开发方式。组成研究小组，以头脑风暴的方式进行深入讨论，同时进行总结归纳，直至对问题和成因全部分析完毕。

（3）具体要求。各影响因素（鱼骨）之间内容相互独立、没有重叠，并且尽可能将重要因素全部罗列出来。比如："男生"和"同学们"之间是有重叠的，因为"男生"是"同学们"的组成部分。对存在重叠的因素进行分析，可能出现重复分析，从而导致数据误差或逻辑误差。

2. 指标提取

第一步：将鱼头置于右侧，并填写需要解决的问题或希望达成的目标。

第二步：将经过初步归纳的主要因素，以"鱼骨"（鱼刺）的方式一一画下来，下面以 JM 公司人力资源部为例来进行说明。该公司人力资源部20××年的主要目标是打造团结高效的人力资源部，为公司的高质量发展提供专业化支撑。经分析发现：

（1）体现"高效"的实体性工作包括员工招聘、培训开发、薪酬管理、绩效管理四个主要方面。

（2）影响"团结"的因素包括制度建设（硬因素）和文化建设（软因素）两个主要方面。

将上述两个主要方面六个主要维度画成"鱼骨"，于是就形成了图 2-5。

在图 2-5 中，"团结高效的人力资源部"是工作的总目标；员工招聘、培训开发、薪酬管理和绩效管理，是打造团结高效的人力资源部的实体性工作，是对公司高质量发展形成重要支撑的驱动因素；硬环境（制度）和软环境（文化）建设，是打造团结高效的人力资源部的"方向舵"和"保障措施"。

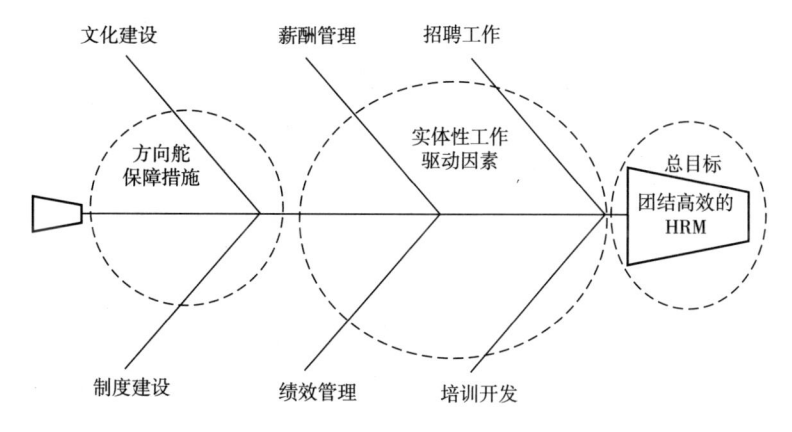

图 2-5 开发具有内在逻辑的鱼骨图

第三步：对每一个大的"鱼骨"进行深度剖析，总结归纳出更小的鱼刺。具体要求同样是相互独立、没有重叠，力求全面、无重要遗漏。

第四步：审定工作计划。根据实际情况，将那些不重要也不紧急的工作暂时放弃（或放在日常事务中考核，而不纳入 KPI 指标），只保留那些关键动作。

第五步：初步形成基于鱼骨图分析的整体方案。经分析和审定：

衡量招聘工作好坏的重要标准包括招聘效率（及时性）、招聘质量和招聘成本控制三个主要维度。

衡量培训开发工作好坏的重要标准包括培训的效率与成本、培训的质量（满意度），以及高水平人才管理。

依此类推，将这些细分的因素画下来，就形成了图 2-6。

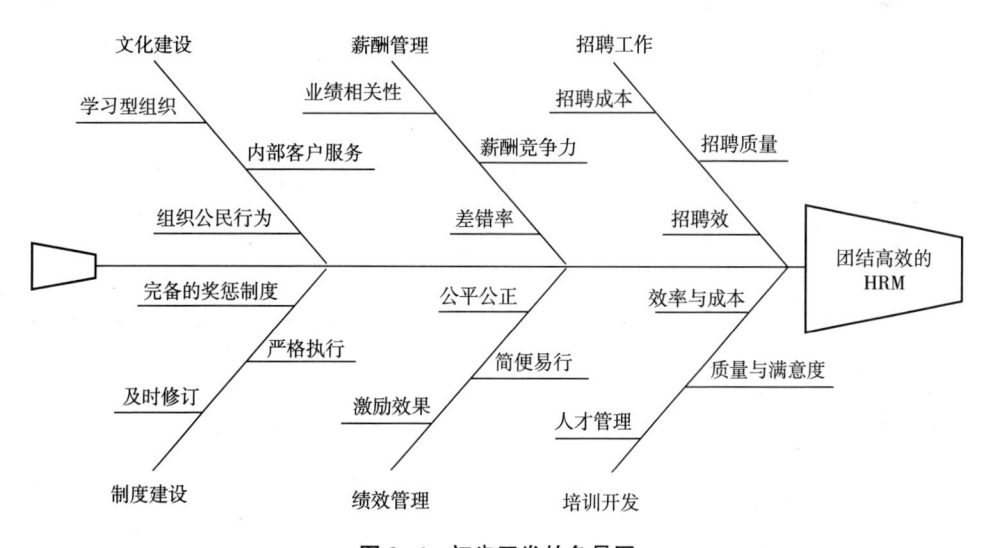

图 2-6 初步开发的鱼骨图

进而，结合鱼骨图开发方案提取绩效指标值。为检验自己的学习效果，大家可在课后自行提取并予以优化。

3. 优缺点分析

通过上面的案例分析我们可以发现，用鱼骨图法提取绩效指标具有以下特点：

（1）因素分析层次分明、条理清楚、简洁实用、相对直观。

（2）开发质量受团队成员能力素养的影响较为明显，搞不好会形成闭门造车的局面。这也从一个侧面间接证明了"与高手为伍"的重要性，同时也是在反复提醒大家：团结协作能力是当代大学生更好融入社会的一项必须修炼的能力。

4. 适用范围

总体而言，该方法可用于分析任何方面的具体问题，既可用于对临时工作团队（比如"质量改进小组"）的绩效指标提取，也能很好地用于对各层级部门和人员的绩效管理之中。问题或目标越具体，工作团队的能力素质越高，其应用效果就越显著。

5. 技巧分享

使用鱼骨图法提取绩效指标（找"鱼刺"），有两个相对成熟的技巧可以分享给大家。

（1）从关键结果领域中寻找。关键结果领域（Key Result Areas，KRA），是实现企业目标最重要且不可或缺的领域。从关键结果领域中寻找"鱼刺"，可以参考的思考角度如下：

——我们的目标由哪几个维度构成？
——在这几个维度上，我们必须取得什么样的成绩？
——为取得这样的成绩，我们最需要做的是什么？
——站在客户角度思考，他们的真实需求是什么？我们应该怎么去满足这些需求？
——上述几个维度的任务完成了，我们的目标是否就能实现？
——如果还不能实现，那我们还需要做些什么？

（2）从企业短板中寻找。"短板"（Short Slab）一词来源于美国管理学家彼得（Laurence Peter）的木桶原理。该理论认为，一个木桶能装多少水不取决于最长的那块板子，而是取决于最短的那块。"短板"在企业管理中的引申，就是一个人或一个组织的缺点、不擅长的地方。从企业短板中寻找"鱼刺"，可以参考的思考角度如下：

——为实现目标，我们的短板和痛点在哪里？
——为弥补这些短板，我们首先应该做什么？
——为实现中长期目标，我们还应该未雨绸缪做哪些准备？比如：获取哪些资源？培养什么人才？取得什么市场地位？
——把上述几个问题解决了，我们是否就会一步步走向成功？
——如果还是不能，那我们还需要做些什么？

（五）平衡计分卡

20世纪90年代，哈佛商学院的卡普兰（Robert Kaplan）教授和诺朗诺顿研究所所长诺顿（David Norton），经过为期一年的对在绩效测评方面处于领先地位的12家公司的研究后，开发出了一种全新的组织绩效管理方法，即"平衡计分卡"（Balanced Score Card，BSC）。两位学者认为，传统的财务会计模式只能衡量过去发生的事情（滞后的结果因素），但无法评估组织前瞻性的投资（领先的驱动因素）。大工业化时代节奏缓慢，因此注重财务统计指标的管理方法还是有效的；但在信息社会里，企业必须在客户、供应商、员工、组织流程、技术和革新等方面进行投资，以获得持续发展的动力。

小贴士

MECE 原则

MECE 是麦肯锡公司的第一位女咨询顾问明托（Barbara Minto）所提出的一个很重要的原则。MECE 是 Mutually Exclusive Collectively Exhaustive 的英文缩写，其中文意为"相互独立，完全穷尽"。即，对于一个问题，要能够做到分析的角度和内容不重叠、不遗漏，以便有效把握问题的实质，并有效解决它。

经过由业绩衡量系统（绩效考核工具）向绩效管理系统（绩效管理工具）再向战略制定与执行系统（战略管理工具）的持续演进，如今的平衡计分卡理论及其操作模型已成为企业战略管理的有效工具。它将关键绩效指标系统地划分为：财务、客户、内部运营、学习与成长四个维度，从而将当前的绩效和未来的绩效有机结合起来。一般而言，平衡计分卡的开发流程如下：

1. 开发战略地图

主要工作方法如下：在绩效管理专家的帮助下，由公司中层以上骨干人员参与，大家就公司的战略目标与年度计划展开充分讨论（可以是头脑风暴法、德尔菲法等多重决策方法的组合），按照"相互独立，完全穷尽"（MECE）原则，界定影响公司经营成败的关键要素。

下面以深圳某著名装备制造公司（民营企业）为例来进行说明：经反复讨论，影响该公司当前及未来几年成功的关键要素包括：

（1）不断提高管理水平，促进公司高质量发展。

（2）持续提高员工向心力，降低人才流失率，维持高昂的团队士气。

（3）确保产品品质。该公司的主要客户（华为公司）对产品品质要求很高。

（4）合理控制成本。对于生产制造企业来说，成本是永恒的主题。

（5）提高交货准时性。力求准时交货（Just In Time，JIT）——提高在制品周转率，降低财务成本，提高客户满意度。

（6）提高销售人员素质。由于现代产品和服务的技术含量在逐渐提高，包含渠道商和零售商在内的下游企业，采购产品时越来越关注全寿命周期内的性价比，仅靠能说会道、熟人关系、吃饭送礼等传统销售手段，已越来越不适应大客户需求。由谈判专家、技术专家、法务专家和客服人员共同组成营销团队，以专业规范、入情入理的方式来说服大客户的销售模式正逐渐成为主流。这对我国企业营销队伍的招聘、配置、培训、激励、团队建设等方面工作提出了新挑战。

(7) 开发和保留大客户。大客户是公司生存发展的重要基础。如果缺乏拥有足够购买力的客户，任何企业都不可能做大做强。举例来说：对于一家大型酒店来说，如果政府部门、企事业单位等大客户的大型会议、商务活动、团餐等能够保证全年 50%以上的稳定收入，那么这家酒店就有了完成全年指标的底气，并可以利用其余时间来满足高端散客的高品质个性化需求，以不断提升酒店的品牌形象。生产制造企业也是一样的道理。

2. 开发行动方案

围绕上述影响公司战略目标实现的关键要素，开发制定相对应的行动方案。比如：

(1) 建立和完善内部培训体系。围绕管理序列、研发序列、生产序列、营销序列，设计、开发和不断优化课程体系、师资体系和教材体系，持续提升公司管理水平，稳定人才队伍，提升工作效率。

(2) 建立完整薪酬方案，包括：岗位工资、绩效工资、各种奖金（如季度奖、年终奖等）、红利分享计划等货币报酬方案，荣誉、地位、感兴趣的工作、职位晋升等非货币报酬方案，以及带薪休假、节假日小礼品、长期服务"金牌"和"银牌"荣誉奖励等一揽子福利计划，等等。

(3) 加强采购管理。采购价格管理、采购质量管理、采购及时性管控、库存管理等。

(4) 加强质量管理。学习、引进和不断完善日资企业品管经验。（具体措施略）

(5) 加强准时制生产管理。（具体措施略）

(6) 加强大客户管理。客户档案管理，建立完善客户拜访制度。

上述战略地图及其逻辑关系如图 2-7 所示。

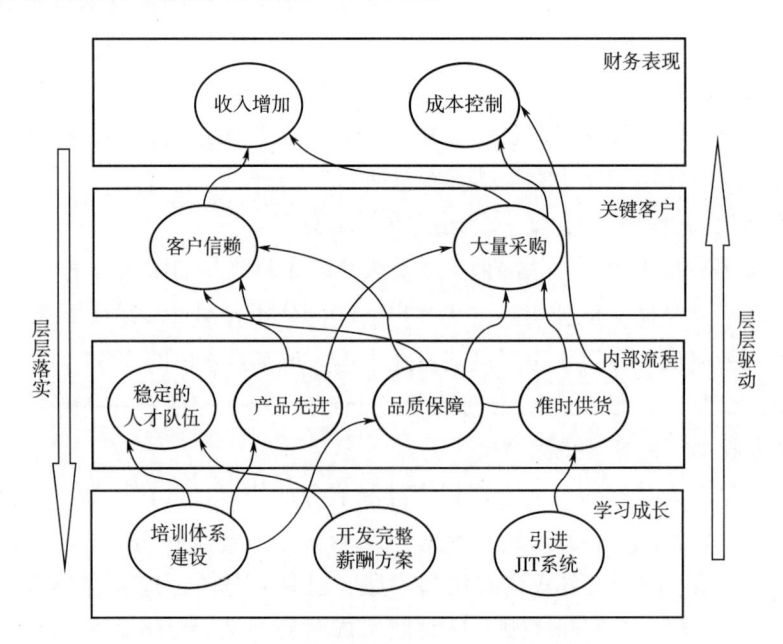

图 2-7 深圳某装备制造公司战略地图

如图 2-7 所示，从财务表现、关键客户、内部流程一直到学习成长，为层层落实关系，即：要想实现上一层次的目标，必须分解落实下一层次的行动；从学习成长、内部流程、关键客户一直到财务表现，为层层驱动关系，即：如果下一个层面的任务完成了，上一个层面的目标就应该能够实现。

3. 提取绩效指标

上述活动结束后，就可以根据行动方案提取关键绩效指标、合理分配权重、设定目标值、设计相应计分办法。以品质管理序列为例，其相应关键指标如下：

（1）学习成长。与品质相关的系列人员的培训覆盖面（参训率），培训满意度（包括培训计划、培训内容、培训效果等方面），培训成果转化率等。

（2）内部流程。采购、生产、运输、交货过程的验收合格率，各环节及时性；对相关检验检测设备采购的质量、成本、时间等方面的考核指标等。

（3）客户指标。客户对产品质量的满意度，对交货时间的满意度，对综合服务水平的满意度等。

4. 指标的分解与落实

经过研究、讨论和审批确认后，就可以将上述指标分解落实到相关责任部门及责任人员。具体流程见前述公司级绩效计划制订，在此不再赘述。

（六）标杆管理法

标杆管理法由美国施乐公司于 1979 年首创，西方管理学界将其与企业流程再造和战略联盟一起并称为 20 世纪 90 年代三大管理方法[1]。标杆管理法的实质是向行业内外最优秀的公司学习。

1. 基本做法

（1）不断寻找一流公司的最佳实践，对其优势做法进行认真解读、分析和判断。

（2）进而结合自身特点制订学习、模仿和改进计划，并付诸行动。

（3）海纳百川，通过不断地向优秀公司学习，最后将自己也变成一流公司。

用到绩效指标值提取上，就是要寻找优秀公司的行动方案、考核指标、业绩水平（参照设置本公司目标值，俗称"对标管理"）及考核办法，再施以有针对性的学习和借鉴。

2. 优缺点分析

（1）标杆管理法的优点：有先例可循，简便易行，见效快。

（2）标杆管理法的缺点：不能完全把握标杆公司设置该指标的详细背景情况，搞不好会邯郸学步和东施效颦。

3. 应用思路

鉴于标杆管理法有上述优点和不足之处，对其比较恰当的应用思路是：与其他方法配套使用，充分发挥标杆管理查漏补缺、启发灵感的特殊作用，因地制宜地探索适合自己的成功之路，而不是全面依赖引用外部指标。

---

[1] 周施恩.人力资源管理高级教程［M］.2 版.北京：清华大学出版社，2022：177.

至此，本书介绍了六种提取绩效指标的常见方法。它们都有优点，也各自有不足之处。现将上述六种绩效指标提取方法的优点、不足与使用说明总结归纳为表2-5。

表2-5 常见绩效指标提取方法的优缺点分析

方法名称	主要优点	不足之处	适用范围/使用说明
公司战略和年度经营计划解读法	1. 战略相关性强； 2. 有利于公司目标的分解落实	很多基层人员从中找不到自己的指标	适用于对公司领导层、对各机关部门、各基层单位及其负责人的绩效考核
职位说明书分析法	1. 与主要职责密切相关； 2. 被考核人能够有效控制该指标的运行状况； 3. 由于来源于岗位职责，被考核人容易接受	1. 指标间关联性不强，需要加强系统设计； 2. 指标相对静态； 3. 战略相关性相对较差	1. 比较适用于对各机关部门的考核，以及对中基层人员的考核； 2. 较少用于对公司高层领导的考核
价值树法	1. 有利于把握价值创造的驱动因素； 2. 有助于大家对绩效指标价值和意义的理解； 3. 通过对价值创造中的关键节点和关键路线的把控，有利于提高公司盈利能力	主要聚焦在财务指标上，而对那些非常重要的非财务指标则几乎没有涉及	1. 主要适用于各级管理人员，以及采购、生产、销售等工作可以量化的职位； 2. 对于工作相对定性的职能部门，一般不太适用
鱼骨图法	因素分析层次分明、条理清楚、简洁实用、相对直观	可能形成"闭门造车"的局面	可用于对任何具体问题的分析，适用范围较广
平衡计分卡	1. 有利于把握战略目标实现的驱动因素； 2. 指标全面且富有内在逻辑	部分基层人员从中找不到自己的指标	主要用于公司对各部门的绩效考核，目前也在向部门对人员的考核渗透
标杆管理法	有先例可循，简便易行，见效快	不易完全把握标杆公司的详细背景情况，搞不好会东施效颦	可用于绩效管理的任何方面

资料来源：周施恩. 人力资源管理高级教程[M]. 2版. 北京：清华大学出版社，2022.

需要说明的是，表2-5只是基于一般的逻辑分析整理而成，其中的优点、不足之处和使用说明都不是绝对的。举例来说：绩效管理高手可以使用一系列主次嵌套的鱼骨图（"主图"用于落实公司战略，"次图"可以继续拆解其中的关键动作），把企业里所有重要问题都说清楚，也可以为公司任何层面的人员提取科学有效的绩效指标。

方法是死的，而使用它的人和团队是活的。聪明的HR工作者总是以成熟理论为指导，以企业的自身情况（如财力、物力、人力，以及市场竞争情况、行业发展前景等）为基础，结合公司未来发展目标，创造性地有机选择和使用其中几种方法。

【复习与思考】

1. 请你谈一谈做好绩效计划的价值和意义。
2. 在现代企业中,绩效计划都是上司安排给员工的。这一说法对不对呢?
3. 好的绩效计划有哪些主要特征?
4. 在绩效计划制订阶段,上司和员工本人的沟通要点有哪些?
5. 请谈一谈你对绩效管理大循环的理解。
6. 部门级绩效计划就是对公司绩效目标的分解。这样理解对不对?
7. 请谈一谈绩效指标的四个构成要素。
8. 绩效指标提取有哪些主要方法?请谈一谈它们各自的优缺点和适用性。

【案例分析与创新探索】

怎样将犯人运往澳大利亚?[①]

有这样一个流传很广的故事。

1770年,英国探险家到达了大洋洲大陆,并向当地土著人宣布了英国政府将其作为属地的决定。当时的大英帝国正在向全球推行殖民计划,但大多数英国民众更愿意移民到条件较好的北美洲。相较而言,大洋洲仍是一片蛮荒,因此没有多少人愿意去。于是,英国政府就决定将已经判刑的囚犯一批批地运送过去——这样的做法,既可以解决英国本土监狱人满为患的问题,又可以给大洋洲送去丰富而廉价的劳动力,促进当地的开发与生产,并给英国的贵族阶层带来巨额财富。

当时,从英国运送罪犯到澳大利亚主要是靠海上运输,而且几乎全部都是由私人船主承包的,政府按每条船运送的罪犯人数支付运费。为了提高利润率,这些私人船主有两个典型做法:一是,每条船尽可能多地运载犯人;二是,尽可能压低罪犯在运输途中的生存与生活成本。

由于搭载人数过多,船上拥挤不堪,而且营养状况和卫生条件也非常差,这使得罪犯在运输途中大量死亡。据有关方面统计:1790年到1792年期间,在26艘船上所搭载的4 082名犯人中,有498人在途中死亡,平均死亡率12.2%。其中有一艘船名叫"海神号",其运送的424名罪犯中竟然死了158个,死亡率达到了令人恐怖的37.3%。英国政府支付的高昂运费中的很大一部分,竟然以这种臭名昭著的方式"打了水漂"。

更令英国政府预想不到的是,罪犯大量死亡的消息很快蔓延开来,从英国到澳大利亚的罪犯运输成了人人谈之色变的"蓝色地狱之路"。于是,社会上的谴责之声四起,犯人们也开始纷纷抵制。

担负着巨大经济损失和强烈道义谴责的英国政府,首先想到的是通过道德说教的

[①] 徐耀强. 企业制度的规则意义及其价值追求 [J]. 智慧中国, 2020, 49 (Z1): 106-109.

方式来改变现状，寄希望于唤起私人船主的善心，寄希望于他们的良心发现，进而主动改善罪犯们在海运途中的生存条件。然而，在那个为了300%的利润就敢于上断头台的社会氛围中，这种道德说教无异于痴人说梦、与虎谋皮。

后来，英国政府开始使用行政手段来进行规范和干预，其主要做法是：对船上的最低饮食和医疗标准立法，同时派遣官员到船上进行执法监督，以确保法律规定被严格执行。而实际情况是，由于随船监督是个苦差事，晕船呕吐、远离家人还是小事，当遇到大风大浪或亡命海盗时，他们很有可能会因此而丢了性命。于是，同样是"理性经济人"的监督官们，慢慢开始与船主同流合污、共同分赃，英国政府的行政干预策略不得不宣告破产。

最后，英国政府终于想到了一个"好办法"，罪犯在船运途中死亡率高的问题很快就得到了有效解决（即建立了"长效机制"）。这个办法其实很简单：政府不再按照上船时搭载的人数付费，而是按照实际到岸的罪犯人数付费。此令一出，情形瞬间有了明显改观——船主们不再让罪犯自生自灭，他们想尽一切办法，力争以最小的成本确保有更多的罪犯能够活着到达大洋洲海岸。于是，罪犯们在运送途中的死亡率很快就下降到了1%左右。

在这个故事中，船主们自私、贪婪、冷酷、趋利的本性没有变，英国政府的"绩效目标"（尽可能多地向大洋洲运送罪犯）没有变，他们仅仅是调整了围绕绩效目标所采取的行动计划、验收标准和绩效兑现的方式，就将原来的"蓝色地狱之路"，变成了行之有效的殖民扩张之路——虽然也存在道义之争，但至少比以前好了很多。甚至有人据此总结出了"犯人船理论"：小到一件事情，大到一个国家，宣传教育、道德感召固然重要，但科学合理的制度设计才是实现长治久安的关键所在。

1980年，我国改革开放的总设计师邓小平同志在总结过去一段时间的经验教训时，曾说过："制度好可以使坏人无法任意横行，制度不好可以使好人无法充分做好事，甚至会走向反面。"① 这沉甸甸的历史经验之谈，对我们设计好的绩效管理制度有很好的启发和警示意义。

【讨论与创新】

1. 在现代绩效管理中，过程重要还是结果重要？为什么？
2. 结合本案例，请谈一谈绩效计划和绩效监控的相互关系。
3. 请用你最近学到的绩效管理理论对该案例进行系统分析，并尝试提出自己的创新理论和创新观点，然后与同学们分享、交流，共同完善提高。

---

① 欧阳康. 中国式现代化视域中的国家制度和国家治理现代化 [J]. 中国社会科学，2023，328（4）：48-62，205.

第三章　绩效指标的精确设计

我们在第二章主要介绍了绩效计划的含义、特征、制订流程、主要内容，以及提取绩效指标的六种常见方法。本章将要重点介绍的是对绩效指标和工作任务的精确设计与优化组合。

本章是第二章的延续，同时也是让绩效管理走向博大精深和高效实用兼备的重要一环。

学习目标
√ 掌握绩效指标的数量要求，以及对绩效指标的精炼与整合
√ 掌握绩效考核的周期选择
√ 熟悉月度考核与年度考核不同的侧重点及不同的指标来源
√ 掌握绩效目标设置的一般原则和常见方法
√ 了解计分办法设计，以及绩效指标的自我检测

【引导案例】

猎人与猎犬的故事（一）

一个猎人带着猎犬去打猎。忽然，他们发现了一只野兔，猎犬便去追赶，但追了很久也没有追到，猎犬只好灰溜溜地回到了猎人身边。

猎人不仅没有安慰猎犬，反而大声讥讽道："个子大的还没有个子小的跑得快！"

猎犬心理很不平衡，于是解释道："尊敬的主人，我追，仅仅是为了一顿饭而已；它跑，那可是为了保住自己的小命啊。这根本就没有什么可比性。"

猎人暗自思忖：猎犬说得也不无道理。看来，我得想个好办法鼓励猎犬，捕获更多的猎物。

不久后，猎人又购买了几条猎犬，同时参照地摊上买到的"经理人成功学"，引入了激励机制。他明确规定："凡是抓获兔子的猎犬就有骨头吃，抓不到兔子的就只能饿着。"

猎犬们开始很反感，但也没有什么别的办法，只好拼命去抓兔子。结果呢，每条猎犬每天都能抓回一只兔子来，猎人虽然收获了兔子，但自己购买骨头的费用也花销很大，收支相抵后，几乎没有什么利润可言。

于是，猎人又想出了新的法子：每抓获一只兔子，就只能获得一根骨头。大家要想吃饱，就得多抓兔子。

第二天，每条猎犬都抓了很多兔子回来，猎人因此而获利颇丰。

但是，后来慢慢地，猎犬们抓到的兔子越来越小了，几乎没有什么肉。原来，小兔子跑得慢，抓起来很容易。而大兔子跑得快，抓起来很费劲。既然都是换来一根骨头，那谁还愿意去抓大兔子呢！

思考：

1. 在本案例中，猎人设计的考核指标有什么问题？应该怎样予以优化？

2. 以小组讨论的方式，对绩效指标设计的基本思路与操作技巧进行归纳总结，并形成自己的理论创新。

第一节　绩效指标的优化

通过第二章的学习，我们已经掌握了绩效计划制订的基本要领。但此时而我们所提取的绩效指标仍然不能在绩效考核中直接使用，还需要对其进一步精练、设计和优化。

一、指标的数量要求

就现代企业绩效管理而言，考核指标并非越多越好。绩效指标多，绩效考核相对全面，但容易导致迷失工作重点，甚至有的员工因为考核指标太多而放弃努力；而绩效指标过少，相对来说重点突出，但也容易出现顾此失彼的现象[①]。一个可以参考的经验数据是：对于大多数中层和基层岗位人员，绩效指标通常以5~7个为宜[②]。

二、指标的精炼与整合

使用第二章中所介绍的方法提取完绩效指标后，我们会发现一个非常现实的问题：对于很多岗位，我们所提取的绩效指标还是太多了。面对这种情况，有两个解决办法：

一是简单筛选，即只选择其中的重要指标用于绩效考核，其余指标暂时放入备用指标库中，将来有需要时再拿出来使用。

二是对其进行精练整合，力求做到重点突出、覆盖全面。

下面以根据DF公司市场部经理职位说明书（见本书第二章表2-4）提取绩效指标为例来进行说明。初步提取的指标如表3-1所示。

[①] 在管理学领域，任何优点和缺点都不是绝对的。举例来说：如果提取了一大堆无关紧要的绩效指标，尽管数量很多，但也不一定能够全面覆盖；而指标数量少不一定就重点突出，也有可能关注的全是"鸡毛蒜皮"。同理，本书所说的"绩效指标通常以5~7个为宜"也不是绝对的，需要具体情况具体分析。

[②] 高层领导对公司或自己所分管的领域负全责——在行政领域，包括但不限于收入、利润、市场地位、产品创新、管理创新、技术创新、质量管理、品牌形象、安全生产、环境保护等；在党群领域，包括但不限于党的建设、团的建设、意识形态、宗教信仰、青年问题、女工问题、少数民族、社会舆情、反腐倡廉、社会责任等。因此，公司高层领导的绩效指标设计与中基层人员有着很大的差别。

表 3-1 根据职位说明书初步提取的绩效指标

序号	职责要求	考核指标/内容	目标值/验收标准/计分办法
1	部门高效有序	部门运作	
	与其他部门协作	协调配合	
2	制度建设	制度健全性	
		制度执行	
3	市场调查报告	提交及时性	
		报告的质量	
	市场营销规划	提交及时性	
		规划的质量	
4	销售目标	月度	
		季度	
		年度	
5	编制财务需求计划	提交及时性	
		计划的准确性	
6	产品需求计划	提交及时性	
		计划的准确性	
7	大客户档案管理	信息全面性	
		更新及时性	
8	大客户维护	大客户流失率	
9	部门人员培训	培训计划制订及时性	
		培训材料编写	
10	部门内部考核	考核及时性	
		考核公平性	
11	临时任务	按时完成领导交办的临时任务	
合计	11	23	

表 3-1 覆盖了 DF 公司市场部经理的 11 个职责领域，粗略提取的指标为 23 个。如果再加上根据公司战略和年度经营计划解读法所提取的销售收入、市场地位、品牌管理等较为宏观的重要指标，该公司市场部经理所承担的绩效指标就更多了。因此，我们需要对上述指标进行凝练和整合，基本依据为：

（1）不重要的指标，考虑暂时放进指标库中，以备将来选择使用。

（2）重要的指标考虑保留（如收入），急需加强或确保不能出差错的指标（如安全生产、防火防盗）考虑保留。

（3）各部门都涉及的重要指标，可以作为通用指标，用于考核所有部门。

经过上述程序后，我们可以将表 3-1 精练、整合成表 3-2 和表 3-3。

表 3-2　DF 公司市场部经理的职能指标

序号	职责要求	考核指标/内容	目标值/验收标准/计分办法
1	市场调查报告	完成的及时性	按时完成验收
2	市场营销规划	完成的及时性	科学、可行
3	销售目标制定	完成的及时性	及时、准确
4	财务需求计划	完成的及时性	及时、准确
5	产品需求计划	完成的及时性	及时、准确
6	大客户档案管理	信息全面、更新及时	及时、准确、全面
7	大客户维护	大客户流失率	
合计	7	7	

表 3-3　DF 公司各部门负责人通用指标

序号	职责要求	考核指标/内容	目标值/验收标准/计分办法
1	制度建设	完备性和执行情况	
2	培训成长	培训计划兑现率和培训满意度	
3	协调配合	部门间协调配合	
合计	3	3	

经过上述精练、整合，我们保留了紧急、重要，必须很好完成的工作，并且将绩效指标值分成了职能指标和通用指标两大类。但是，上述绩效指标到目前为止还是不能直接使用，我们还需要结合绩效考核周期对其进行再设计。

三、绩效考核的周期选择

关于考核周期的选择，目前学界和业界观点不尽相同，但总体上还是有一些规律可循的。

（一）从管理层级角度考虑

一般而言，在企业中的管理层级越高，对其的考核周期也就相对越长；管理层级越低，对其的考核周期也就相对越短。比如：对公司领导的考核，一般以年度考核为主；对公司基层操作人员的考核，一般以月度考核为主。

（二）从工作性质角度考虑

能够精确量化的工作（如生产、销售），统计和考核的周期越短；不能够精确量化的工作，统计和考核的周期要结合管理层级、工作性质等情况来确定。比如，研发人员的考核周期，既要考核日常工作的完成情况，也要结合研发周期对研发项目的进展进行考核。

（三）从考核目的角度考虑

绩效管理的目的不是为了扣分罚钱，而是为了不断提升业绩、实现公司目标，最终实现员工、公司与社会的多赢。在这个目标之下，我们要对工作过程进行必要的监督，及时发现和解决问题，在动态提升和持续改进中创造属于员工、公司和社会的共同的辉煌。比如："大疆"民用无人机的研发成功与批量生产，既为公司和员工创造了巨大价值，也为世界上很多国家的工农业生产（如喷洒农药、现场勘测、远程监控等）提供了广泛便利。

综合上述分析，本书总结归纳出绩效考核周期选择的要点（见表3-4）。

表3-4 统计、汇报、分析、考核周期选择的要点

	采购生产序列	研发技术序列	营销序列	职能管理序列
高层	季度分析 半年总结 年度考核	季度分析 半年总结 年度考核	季度分析 半年总结 年度考核	季度分析 半年总结 年度考核
中层	动态对标 月度考核 年度考核	月度考核 项目周期考核 年度考核	动态对标 月度考核 年度考核	月度考核 年度考核
基层	每天统计 每周分析 月度考核 年度考核	月度考核 年度考核	每天统计 每周分析 月度考核 年度考核	月度考核 年度考核

1. 基层人员

采购生产和营销序列的基层人员，直接影响采购、生产和销售的质量和数量，这是企业的命脉所在，因此需要每天进行统计、每周进行分析。对于研发技术序列和职能管理序列的基层员工来说，能够完成上级布置的任务，按照时间和质量要求完成职能工作，就算基本合格。因此，对于上述两类人员可以每月进行考核，以便及时发现问题、及时解决问题，及时兑现奖惩，动态调整提高。同时，结合基层员工的全年工作表现，对其进行年度考核，使员工以年度考核得分获取年终奖或参与员工持股计划。

2. 中层人员

除了采购生产和营销序列的中层管理人员需要动态对标之外，企业对所有中层管理人员可以进行月度考核，以便对其日常工作进行动态检查督促，通过年度考核检查、检验其全年工作业绩和综合表现，以年度考核得分获取年终奖、利润分红或股权激励。

3. 高层人员

通过季度经营分析会，及时把握公司的综合经营情况，对照全年经营目标和季度经营目标及时调整企业工作步调；通过半年总结，对高层领导的工作进行初步的评价分析，以起到检查督促和改进提高的作用；通过年度考核，兑现其年度绩效薪资、利润分红或股权激励。

第二节　绩效指标的再设计

在确定了考核周期之后，我们就可以对考核指标进行再设计，从而逐步应用到企业绩效管理的实际工作中。下面还是以 DF 公司市场部为例来进行说明。

小贴士

市场部和销售部

在很多管理成熟的大公司，市场部和销售部是分开设立的。一般而言，市场部负责市场细分、产品定位和定价、市场监测、制定和实施营销方案（如发布广告、参加产品交易会、举办大型公共关系活动等）、制定产品销售目标等。

相对而言，销售部门则专门负责产品销售、货款回收、市场信息采集等最前端的工作。市场部既为销售部制定技术规范和销售目标并监督其落地执行——是"裁判员"，同时又为销售部提供技术支持（如培训销售人员、制定和实施促销方案等），因此又是销售部门的"教练员"和"服务员"。

一、月度考核

（一）市场部经理

由于市场部经理就是市场部的全权代表，因此，对市场部本月应该完成的重要工作的考核，其实就是对其部门负责人的考核。市场部考核指标的来源如下：

1. 公司指标的分解

比如某月应该完成的销售目标和销售收入——虽然市场部不负责产品销售，但由于营销规划和销售目标都是其制定的，并且需要对销售部门提供强有力的技术支持（如设计对销售人员的培训），因此也要对销售目标和销售收入的完成情况承担很大的责任。

2. 部门职责

这里需要重点说明，虽然编制营销规划、销售目标和市场分析报告，以及大客户维护等工作都是市场部的部门职责，但这些工作并非均匀地分布于每个月。

举例来说：编制全年的营销规划和销售目标，一般在上年末（上年 12 月份）或当年年初（1 月份）制定，平时是没有这项工作的。如无特殊情况，市场分析报告也不是每月都编制，它通常是与公司的季度经营分析会同步进行。

现在我们再来看市场部经理的职能指标（见表 3-2），其中的很多工作并非每月都有。假设现在是 3 月份，DF 公司将于 4 月中旬召开季度经营分析会，那么我们在为其制订 4 月份的月度绩效计划时，就要加上编制市场分析报告这个环节，并根据市场运行情况，有针对性地开展对销售人员的培训。

3. 其他既定计划

比如，年初计划于 4 月份开展一次新产品发布会。

4. 临时任务

比如，公司营销副总裁了解到主要竞争对手正在争取本公司的一家大客户（HJ 公司），于是临时安排市场部会同销售部联合策划和实施对 HJ 公司的公共关系活动。这是年初没有列入计划的工作安排。

综上所述，我们就可以为市场部制定 4 月份的绩效计划（见表 3-5）。

表 3-5　DF 公司市场部 20××年 4 月份绩效计划

序号	考核领域	考核指标/内容	目标值/验收标准/计分办法
1	销售收入	A 产品、B 产品和 C 产品的销售收入	
2	市场分析报告	季度市场分析报告	4 月 10 日前完成验收
3	销售人员培训	结合一季度销售情况，有针对性地开展对销售人员的培训	
4	公关关系活动	召开产品发布会	
5	大客户维护（临时任务）	会同销售部联合策划和实施对 HJ 公司的公共关系活动	

到目前为止，针对市场部 20××年 4 月份的绩效计划已经初步制订出来。这份计划书，既是对市场部（部门）4 月份的考核依据，同时也是对市场部经理个人（市场部的全权代表）的考核依据。一般情况下，两者的月度考核指标是完全统一的。

市场部经理的个人月度绩效考核得分 = 市场部的月度组织绩效考核得分

（二）市场部副经理

作为部门的副职领导，市场部副经理既要对部门的整体绩效负一定责任，也要对自己所分管的工作负领导责任，因此，其月度绩效考核指标如下：

1. 部门指标

根据文化人类学领域权威学者霍夫斯泰德（Geert Hofstede）的文化维度理论（Hofstede's Cultural Dimensions Theory），中国属于典型的以集体主义为主流价值观的国家。因此，国内的绩效考核中，市场部副经理的绩效指标也跟市场部的部门指标紧密挂钩。

挂钩的常见方式为：在其个人月度绩效考核得分中，部门的月度绩效考核得分占一定比例，这个比例大体在 40%~80%。

2. 个人分管领域

作为部门的副职领导，每位副经理都有自己分管的业务领域，因此其对该领域关键绩效指标（Key Performance Indicator，KPI）、重点工作任务和临时任务的完成情况负直接责任。其分管业务的绩效考核得分，在副经理月度绩效考核中的占比一般为20%~60%。

3. 综合评价

作为部门的副职领导，仅仅完成自己分管领域的相关工作是远远不够的。在完成工作的同时，还需要配合部门正职领导管好部务工作，需要与平级做好协调配合，同时带领自己的下属不断创造更好的业绩。而这些工作大多属于定性的，难以用量化的指标来计算考核得分，因此，通常以部门经理打分的方式来进行考核。

综上所述，市场部副经理的月度绩效考核得分，一般可以用下面的公式来表示：

市场部副经理的月度绩效考核得分=其所在部门的月度绩效考核得分×70%+本人分管工作业绩得分×20%+所在部门经理的综合评价得分×10%

需要说明的是，由于不同公司的管理理念不完全相同，部门副职领导的绩效考核得分构成可能在比例上会有一定差别，我们需要根据公司的实际情况来进行适当调整。比如：在HZ公司，上述三个方面得分的占比分别为40%、40%、20%。从两组数据的对比分析中我们可以发现，HZ公司比DF公司更加注重部门副职的个人业绩。

（三）一般管理人员

作为公司职能部门的一般管理人员①（基本不担任管理职务），其月度考核的绩效指标包括：

1. 部门指标的分解落实

比如：员工赵某是市场部的市场分析专员，市场部4月份的市场分析报告相关指标，他就要承担起来。

2. 个人岗位职责

作为市场分析专员，赵某要督促销售部门及时提交销售人员搜集到的市场信息，关注和搜索相关政策法规的变化，以及主要竞争对手的市场策略等方面信息，然后才能撰写出有价值的分析报告。这些内容大都来源于其职位说明书，其中的岗位职责都可以提取成绩效考核指标。大家可以自己尝试一下。

3. 综合评价

作为一般管理人员，除了要很好地完成自己的本职工作之外，赵某还要服从领导、团结同事、对工作精益求精（举一反三，不断创新）。这些方面也都属于定性指标，难以精确量化，因此需要以综合评价的方式来进行考核。

上述部门指标的分解落实和来源于个人岗职责两个模块的内容，都可以提取为月度考核中的KPI指标，个人月度表现的综合评价则为相对定性的评价指标。举例：一

---

① 为了将办公室一般文员与车间工人、司机等人员区别开来，很多公司将其称为"一般管理人员"。

般管理人员的个人月度绩效考核得分，可以用下面的计算公式来表示：

一般管理人员的月度绩效考核得分＝本人当月的KPI指标考核得分×80%＋所在部门经理的综合评价得分×20%　　　　　　　　　　　　　　　　　　　　（公式1）

一般管理人员的月度绩效考核得分＝其所在部门的月度绩效考核得分×20%＋本人当月的KPI指标考核得分×70%＋所在部门经理的综合评价得分×10%　　　（公式2）

通过对两个公式的对比解读就可以发现：采纳公式1的公司要比采纳公式2的公司更加强调个人表现；采纳公式2的公司要比采纳公式1的公司更加强调团队协作和集体利益。从这个案例中我们也可以看出：团队协作和集体利益等定性指标可以用非常量化的指标来替代——部门的绩效考核得分提升，其实就是重视团队协作、强调集体利益的重要结果。

读到这里，你是否已经感觉到好的绩效管理系统的确很神奇？①

二、年度考核

月度考核的目的是动态监督、动态分析、动态调控，以确保全年目标的顺利实现。而年度考核的目标，则主要是战略目标和年度目标（部分内容是由公司战略目标分解落实而来，部分目标直接来源于当年的经营目标和工作任务）的滚动落实，并逐年提高。因此，月度考核和年度考核的内容是有重大差别的。

就DF公司来说，其市场部20××年年度绩效计划如表3-6所示。

表3-6　DF公司市场部20××年绩效计划书（节选核心指标）

序号	考核领域	考核指标/内容	目标值/验收标准/计分办法
1	全年销售收入	A产品、B产品和C产品的销售收入	
2	公司定位	市场占有率	
3	营销规划	营销规划兑现率	
4	大客户维护	原有大客户采购金额；新增大客户采购金额	

表3-6中的指标是市场部全年的重要工作目标。如果完成了，就说明市场部今年的工作表现不错；而如果没有完成，则整个公司的全年业绩都会受到重要影响。因此，对其全年指标完成情况的奖惩力度一般要大一些。

三、绩效指标的权重设置

经过上述环节以后，我们就可以初步考虑为每个指标设置相应的权重。

---

① 拒绝断章取义的"碎片化"学习，扬弃似是而非的各类"段子"或"心灵鸡汤"，扬弃以煽情和鼓噪为主的"江湖培训"，静下心来，从认真阅读和用心体会权威书籍入手，对理论和实践进行相互印证，并不断进行反思，在"自信我能"和"自我否定"的往复循环中持续进步，这才是成为新时代管理精英的不二法门。

（一）设置权重的基本目的

为绩效指标设置不同的权重，一般有三个基本目的。

1. 合理引导员工行为

假设 A 指标的权重为 25%，B 指标的权重为 5%。为了在考核中获得高分，进而拿到更高的奖励，多数员工都会将 A 指标作为重中之重，并兼顾完成 B 指标。这个小案例，就充分体现了指标权重对员工行为的引导。

2. 促进考核结果公平公正

为方便说明问题，我们假设员工李四 20×× 年 4 月份有 A、B、C 三个考核指标（见表 3-7）。

表 3-7　20×× 年 4 月份李四的绩效计划

序号	考核模块	考核指标/内容	满分	目标值/验收标准/计分办法
A	销售收入	完成销售收入 300 万元	A、B、C 三项指标不预设权重，满分合计 100 分	每降低 10 万，扣 10 分
B	市场信息搜集	搜集主要竞争对手的产品及价格信息		每缺一项，扣 10 分
C	学习成长	培训参与率 90%；培训合格率 100%		参训率每降低 5%，扣 5 分；培训合格率每降低 5%，扣 5 分

如表 3-7 所示，如果对这三项指标不预设权重，那么考核结果就有可能出现"晕轮效应"——由于某一方面做得特别好或特别差，从而影响了对其他方面的评价。应用举例：

李四实际完成了 280 万元的销售收入，市场信息搜集全部保质保量完成，参加了 1 次培训（公司 4 月份举办了 4 次培训）且成绩合格。

如果按照表 3-7 中的计算方法，李四 4 月份 A 指标被扣了 20 分，C 指标被扣了 65 分（参训率 25%，扣 65 分；培训合格率 100%，不扣分）。李四 4 月份的实际得分为 15 分。这样的考核得分，相对于李四的实际工作情况来说，显然是不公平的。

3. 保护员工的工作积极性

还以上面的李四为例：当其在某一方面出现问题时，如果指标不设权重，就会诱导他对其他方面的工作采取"躺平"策略——反正再怎么努力也没有意义了，不如破罐子破摔。这样的结局，对员工、对公司都是不利的。

科学合理的绩效管理，既要"治病"——及时发现问题，及时解决问题；还要"救人"——使工作出现问题的员工，仍有将功补过的机会，从而更加力争上游。这才是工作实践中实实在在的"以人为本"。

小贴士

以人为本

20世纪90年代，正与摩托罗拉决战手机市场的诺基亚公司认识到：科技源于人，也是为了服务于人。越是高深的科技，就越要从人性出发，为人们提供方便，而不是让人们被其复杂的功能和眼花缭乱的设计而困扰。于是，诺基亚在其当时热播的广告中加入了品牌精神"科技，以人为本！"。

恐怕连诺基亚公司也没想到的是，广告一出，"以人为本"就红遍了中国的大江南北。许多企业甚至连以人为本是什么东西还没搞清楚的时候，就把这一口号挂在了网页上、贴到了公司大厅里、印进了员工手册中。

比较讽刺的是：一些企业一方面鼓吹"以人为本"，同时又在重要决策上任人唯亲、拉帮结派，在工作中迫使员工无休止的加班，还想尽办法克扣加班费。而当员工的才华被"榨干"后，就毫不留情地"一脚踢开"（"如35岁魔咒"）。

问题：此类公司高喊的"以人为本"，你信吗？

反思：我们在实际工作中，应该追求怎样的"以人为本"？完全按照员工的意见来做事，就是"以人为本"吗？

（二）权重设置的一般原则

1. 从管理层级考虑

一般而言，对于不同层级的员工，其绩效计划中结果指标和行为指标的权重有所不同。

（1）对于层级高的职位（如总经理）和主要业务部门（如采购、生产、销售等）的职位，其定量指标和结果指标的权重大于定性指标（如行为、能力等）和过程指标。

其背后的逻辑是：如果总经理的工作过程搞得轰轰烈烈，各种活动搞得有声有色，平时表现可圈可点，但公司的收入和利润始终提不起来，甚至长期处于亏损状态，那么平时搞的那些"丰富多彩的活动"就没有多大实际意义。对于主要业务部门来说，其道理也是一样的。

（2）对于中层管理人员，其定量指标与定性指标、结果指标与过程指标应该并重。这是因为，中层管理人员在企业中扮演着承上启下的作用，是企业正常运转的重要枢纽，因此对其各方面工作应该予以均衡考虑而不能有所偏颇。

（3）对于基层操作岗位，其定量指标和结果指标的权重应该大于定性指标和过程指标。基层员工从一定程度上说就是干活的，如果不能按时保质保量拿出工作成果来，这样的员工就没有任何保留价值可言[①]。

综上所述，定量指标在高层、中层和基层人员绩效计划中的权重的分布，基本呈

[①] 这一说法可能会引起部分人员的反感，认为对基层人员不够尊重，但"话糙理不糙"，我们不能总是用"表面正确"的漂亮话来忽悠学生，而是应该尽可能将真实的世界展现给他们。

哑铃型。

2. 从一般原则考虑

不论是针对哪一个层级的员工，在设置指标权重时都应该遵循以下一般原则：

（1）所有指标的权重之和为100%。这样的权重设置就相当于考试中的百分制，非常便于对数据进行直观的统计、计算和横向比较。

（2）任何单个指标的权重，一般不小于5%。这是因为，如果某一指标的权重过低（如1.5%），这就无异于在提醒员工：如果不追求尽善尽美的话，这些指标是可以忽略的，反正也不影响大局。

（3）各个指标的权重应呈现出明显的差异，以充分体现各类指标重要性的不同。一般而言：①战略性指标（如新产品研发、新市场拓展等），以及对公司生存与发展影响大的指标（如收入和利润等）的权重相应大一些。②被评估人影响直接且影响显著的指标权重要高一些。比如：培训专业直接负责员工培训，因此在其绩效计划中培训类的指标权重要大一些，其他方面（如与同事协调配合，涉及双方的个性、态度、能力、相互关系等）的指标权重要相对小一些。③权重分配在同级别、同类型岗位之间应具有一致性，同时也要兼顾每个岗位的独特性。这样设置，一方面是为了确保横向公平。比如：同级别基层文员，其"同事间协调配合"的权重要保持一致；另一方面，还要体现工作性质的不同。比如：生产线上的基层员工基本是按照流水线的既定节奏各司其职，平时的协调配合也有但相对较少，因此虽然其与办公室文员同为基层人员，但是此类员工"同事间协调配合"指标的权重相对要低一些。概括起来，就是既要做到横向公平，还要体现因地制宜。

小贴士

既要……还要……

"既要……还要……"的文字表述经常被一些年轻人诟病，但是在真正的高水平管理体系中，"既要……还要……"的管理逻辑几乎是一种常态。

换句话说，在现实工作与生活中，如果某项管理措施的出台只是为了实现一个单纯的目的，那一定是片面的，是不科学的，甚至是要出大问题的。除了处于市场迭代、濒临破产、你死我活的恶性竞争等特殊情况之外，高水平管理的重要精髓之一就是力求兼顾和均衡，而非孤注一掷。

四、绩效目标设置

（一）绩效目标设置的一般原则

1. 战略相关性原则

各部门、各层级的绩效目标，最重要的来源就是公司战略目标的动态分解。换句话说，如果一套指标体系不能很好地承接公司战略目标，那一定是有问题的。

举个直观的例子：虽然我国已经制定了科教兴国和人才强国国家战略，但如果在对各级地方政府的考核中没有科技、教育、人才等方面的指标，就容易导致科教兴国和人才强国战略落空。

2. 价值驱动原则

影响一家公司经营成败的因素有很多，但其中有些因素是配套保障因素，而有些因素则是企业价值创造的源泉——价值驱动因素。

举个直观的例子：影响清华大学管理成败的因素有很多，比如校园安全、食堂管理、公共卫生等，如果在这些方面出现了大的问题，就会影响到莘莘学子的人身安全，绝对马虎不得。但仅仅把这些方面都搞好了，也并非代表着清华大学的成功。只有在把上述配套保障环节都搞好的基础上，重点把科学研究（如基础科学、前沿科技等）、人才培养（为祖国培养和输送高素质尖端人才）和服务社会（如重大环境问题治理等）三个方面做好了，才配得上世界一流大学的称谓。在这个例子中，科学研究、人才培养和服务社会，就是衡量清华大学经营成败最为关键的价值驱动因素。

具体到企业，在不同的行业特征和战略定位下，其价值驱动因素是不一样的。比如：微软公司（Microsoft）的价值驱动因素是创新，缺乏重大创新的微软在股票市场上会毫无投资价值；富士康（Foxconn）的价值驱动因素是生产的高效率和低成本，缺乏这两个主要特征的代工企业不会有订单；星巴克（Starbucks）的价值驱动因素是独特的消费体验，如果哪位经理人把星巴克搞得跟菜市场一样"缺斤短两"或"人声鼎沸"，他就不会有明天。

3. 体现职位特色

每一位员工的绩效指标都应该与其职位相关，即指标是该职位员工可以控制或产生重大影响的。比如，对于招聘经理来说，招聘及时性、招聘胜任率、招聘留任率（试用期结束后主动在公司留任）、招聘成本控制等指标是衡量招聘成果好坏的关键指标，与招聘经理的职位密切相关，并且是其可以控制或能够产生重大影响的。

如果将人才流失率指标放在招聘主管身上，这是显失公允的。这是因为：在试用期内的人才流失，可能是招聘失误造成的；而在试用期结束后，员工正常履职期间出现的人才流失，则有很大可能是用人部门负责人管理不当引起的，而与招聘主管没有直接关系[①]。

小贴士

为什么说"员工来到一家公司，离开一位上司"？

盖洛普公司在一项历时25年，涉及8万名经理人和10万名员工的研究中，得出一

---

① 周施恩. 人力资源管理高级教程［M］. 2版. 北京：清华大学出版社，2022：177.

项结论:"员工来到一家公司,离开一位上司。"

其具体含义是:吸引员工进入到一家公司的是公司的社会声望、福利待遇和发展前景;而当员工下决心离开一家公司时,则主要是因为自己的直接上司"很糟糕",在其手下工作令人心情不快。据调查,以此原因离职的员工高达70%左右。

4. SMART原则

(1)目标要尽可能具体(Specific)。比如:员工小李,要在4月10日前完成本部门第一季度的工作分析报告。这里所说的"完成",不是以员工"提交了报告"为准,而是以"获得部门负责人认可"为准。在这个例子里,工作目标是非常具体的,对工作有很强的引导作用。具体来说,小李会根据自己以往的经验——每次提交报告,部门负责人(张部长)总会提出一些修改意见,经常是修改两次以后才能通过。此时,他就开始策划工作安排——3月31日前,将初稿交给张部长。根据惯例,张部长会在3个工作日内予以回复。届时,小张再按照领导的要求修改,争取修改后一次通过。在这个案例中,具体的目标对员工工作形成了直接引导,同时也促进了员工个人能力的持续提升(原来修改两次才能通过,这次争取只修改一次)。

(2)目标要尽可能可衡量(Measurable)。比如:通过操作规程和质量管理等方面的培训,将公司产品的良品率提高3%。可衡量的目标能够使员工找到努力方向,在计算绩效考核得分时也不容易出现误会或矛盾。相反,如果仅仅提出:"尽可能通过操作规程培训和质量管理等方面的培训来提高良品率",那么培训经理就会下意识地放松对培训的优化设计——反正"开卷有益",只要参加了培训,各方面工作总是会有提高的。这样一来,就失去了设置绩效目标的实际意义。

(3)目标应该是员工经过努力可以实现的(Attainable)。如果目标值设得太高,当员工发现自己无论怎么努力也无法完成时,大家往往就会放弃努力(俗称"躺平");与之相反,当目标值设得太低,员工们无须付出努力就能顺利完成时,大家虽然一时感觉很惬意,但久而久之就会因工作缺乏挑战性而丧失兴趣。因此,绩效目标的设计要有一定激励性,即要使员工们通过努力才能完成。从心理学角度看,完成有挑战性的任务,也增加了员工的成就感和自豪感,是最有效的内在激励。

(4)要与部门目标或公司目标相关(Relevant)。比如:对公司前台人员进行商务礼仪或初级商务英语培训,可以有效提升公司形象(公司目标)。但如果对其进行古汉语培训或战略管理培训,前台人员在工作中几乎用不上这些知识和技能,与部门目标或公司目标不相关,也就失去了培训的价值和意义。

(5)要有明确的截止时间(Time-bound)。本书第二章曾经讨论过,明确的时间安排可以帮助员工有节奏地开展工作,在工作场所实现"快乐"和"高效"的有机统一。

5. 综合平衡原则

(1)横向比较的均衡。在同一级别的不同部门、不同人员之间,其指标的多少、指标完成的难易程度等应该大体相当。这样才能体现出绩效考核的公平性,减少员工对公司管理的不满情绪，提升员工的"工作体验"（"全面报酬"的一个重要组成部分）[①]。

📝 小贴士

完整报酬

在刚刚过去的100多年里，薪酬管理模式一直在发生变化。现代管理中的"薪酬"一词对应的是Compensation，但"薪酬"并非一开始就是Compensation，而是经历了一个从重视现金发放到强调全面发展的漫长过程。

大约在1920年以前，薪酬主要指按天计酬、鲜有福利的Wage；自20世纪20年代至80年代，按月计酬、鲜有福利的Salary成为主流；20世纪80年代至2000年，增加了奖金和福利比重的Compensation成为"薪酬"的代名词。21世纪以来，美国薪酬协会提出并持续完善了完整报酬（Total Rewards，也称"全面报酬"）概念，将其进一步拓展为货币报酬，福利，工作与生活的平衡，绩效与认可，以及发展与职业机会共五大板块。

（2）短期利益和长期利益的均衡。在目标设计上，既要确保当前利益，也要考虑长远发展。比如：如果过于强调战略目标（加大科研投入，提高公司未来的盈利能力）而忽视现实利益（当期的收入和利润），或过于强调当前利益而"杀鸡取卵"（减少研发投入，压低人才收入，以提高当年利润），都是不可取的。

（3）集体利益和个人利益的均衡。一味强调公司或部门的集体利益，给员工压指标、压任务，使员工疲于奔命（如"996"），就会促使员工一有机会就跳槽，不利于公司的长期可持续发展；与之相反，一味强调员工个人利益，无论出现什么情况都不加班，即便是加班也要看员工的心情，也违反了均衡原则，不利于公司的高质量发展。

（二）绩效目标设置的常见方法

1. 目标分解法

具体来说，将公司既定目标（特别是上级单位或公司董事会制定和下达的目标）层层分解落实，确保公司所有指标和目标都有人承担，这是绩效目标设置最基本的要求。举例来说：20××年M公司的销售收入目标为39亿元，那我们就应该将这39亿元的指标分解落实到公司销售部、市场部、财务部等部门及其所属员工身上。

2. 历史推演法

根据本公司近年来的历史数据，合理推演考核年度应该达到的绩效目标。举例来说：假设过去3年，HZ药业公司的销售收入分别为0.8亿元、1.2亿元和1.7亿元，

[①] 周施恩. 人力资源管理高级教程[M]. 2版. 北京：清华大学出版社，2022：155-157.

如果其他情况不发生大的变化，HZ 药业公司的销售收入在新的一年里，应该可以达到 2.2 亿元以上。

3. 标杆管理法

参照同行业主要竞争对手的主要数据或国家最高标准，结合本企业实际情况，初步确定本企业可以达到的卓越目标。

比如：在主要竞争对手中，最优秀的公司每吨产品的人工工时为 25.66 小时，而本公司每吨同类产品的人工工时为 31.33。如果其他情况大体相同，我们每吨产品的成本就要比竞争对手高 22.1%，在市场上就没有任何价格优势可言。因此，我们可以考虑以标杆公司的指标为目标，通过优化工艺、改进生产等方式，尽快追赶上来。

4. 系统修正法

经过上述环节的分析、研判后，我们就可以初步确定各主要指标的目标值。但为了进一步确保所制定目标的科学合理，我们还需要综合考虑以下重要因素：

（1）宏观环境的重大变化。比如：国家宏观经济目标（如 GDP 增速）是否会对本公司收入产生影响？世界经济景气程度是否会对本公司收入产生影响（特别是出口导向型企业）？人民币对国际主要货币的汇率变化，是否会对本公司采购成本和销售收入产生影响？世界地缘冲突是否会对本公司收入产生影响？

（2）相关政策的重大变化。比如：我们的产品是否会被纳入政府集中采购？是否会被政府纳入出口补贴清单？是否会因国家战略考虑而被限制出口（如稀土等）？

（3）市场容量的重大变化。比如：本公司产品是否已出现市场饱和迹象（如普通家电、建材等），未来的增幅会有大多？

（4）竞争对手情况。比如：主要竞争对手在市场推广方面是否有新策略？是否有新产品推出？是否有潜在竞争者伺机加入？

总之，我们可以按照政治、经济、社会、技术、法律、道德伦理（PESTLE 模型）或供应商、购买者、现有竞争者、潜在竞争者和替代品（波特的"五力模型"）等战略分析模型，对本企业主要产品的市场前景进行综合判断。进而，结合分析结论对初步制定的绩效目标进行科学、系统的修正。

五、计分办法设计

计分办法是指标设计的最后一个环节，但绝非细枝末节。恰恰相反，好的计分办法设计可以对整个指标体系起到撬动或调节作用。如果把指标设计比作制造杆秤，其他环节的工作就相当于制作秤杆、秤盘、秤砣等重要组件，计分办法的设计大致就相当于在秤杆上"定盘星"，其对确保杆秤精准性和适用性的重要作用不言而喻。

我们在广泛借鉴国内外相关文献的基础上，结合多年的理论研究和企业咨询实践，对计分办法的设计提出以下几个主要策略。

（一）从事务的重要程度考虑

对公司生存与发展质量影响大的成功或失误，奖励或惩罚要重一些。比如：收入、利润、新产品研发等，是事关公司生存与发展的关键所在，此类指标完成得好，奖励就要相对大一些；完成得不好，处罚也要相对重一些。否则起不到应有的警示与引导作用。

（二）从可能造成的后果考虑

这一条与上面有一定程度的重合，但并不完全一样。举例来说：工作场所保持清洁，地上不能有油污、水渍、材料碎片等，是预防滑倒、发生火灾或对设备或产品造成不良影响的重要举措。虽然这些做好了公司也不一定有好的发展，但一旦问题积累到一定程度，就有可能因偶发事件和蝴蝶效应而酿成不可挽回的重大安全事故。

比如：在仓库里吸烟，进入施工工地不戴安全帽，电力作业不穿绝缘鞋等，可能一开始也没引发什么事故，而一旦出现事故，就有可能是重特大事件。因此，对此类问题进行重罚，才是对员工的真正爱护和有力保护，是真正的"以人为本"。

对于此类事项，可采取不对称奖罚，即：如果做好了，奖励力度不大；而一旦出现问题，就要予以较大力度的扣罚。

（三）从出现频率和标准化程度考虑

（1）频繁出现的非标准化动作出现失误，扣罚要轻。以各企业都有的综合办公室为例，起草通知、总结、汇报材料，以及收发文件、整理会议纪要等文案工作是其日常工作。此类工作中的小失误，往往不是工作人员责任心不足或能力不够引起的，通常是因时间紧、任务重、头绪多等压力下出现的无心之举。对此，业界的通用说法为"无过便是功"。因此，对此类频繁出现非标准化的小失误，扣罚要相对轻一些，否则就会伤了工作人员的心。

（2）反复出现的同一类失误，扣罚要重。还以公司综合办公室为例，如果在收发文件之类标准化的事项上反复出现领导"漏签"等低级失误，扣罚就要重一些。

（四）从职位层级角度考虑

职位层级低的人，往往学识能力、工作经验、担负的责任、对其他人的影响面等都相对小一些，其在工作中出现失误对公司的不利影响也相对较小，因此对其的扣罚要相对较轻。与之相反，管理层级高的人学识能力、工作经验、担负的责任相对要大，其出现失误对他人和公司的影响也明显较大。因此，对其工作中的失误扣罚要相对重一些。

（五）从指标性质的角度考虑

如果指标的目标值是必须要做到的基本条件，几乎没有商量余地，则做到了可以不奖，没做到必然重罚。以党员干部的廉洁自律指标为例：做到廉洁自律，是对党员干部的最低要求，因此做到了可以不奖励。但一旦出现问题，就要按规定予以重罚。涉及违反党纪国法的，还要移交司法部门处理。

小贴士

"四色指标"体系

在帮助国内某直辖市教委研究设计《市属市管高校领导班子绩效管理办法》时，

笔者以党和国家有关文件精神为指导，以市委、市政府对市属市管高校的发展定位为基础，结合国情、市情，因地制宜设计了"四色指标"体系。

1. 蓝色指标。意指办好一所高校必须要做到的科研、教学、服务社会等正常工作，力求博大精深。

2. 绿色指标。意指在力求博大精深的基础上，还要在研究方向、培养目标、社会服务、日常管理等方面充分体现"绿水青山就是金山银山"的环保理念。

3. 亮色指标。高校是创新的重要策源地之一，无论是人文类、自然科学类还是综合类的高校，都要矢志创新，引领创新。

4. 红色指标。要坚持中国特色社会主义办学方向，坚持廉洁自律，在"正确的道路上"，坚持"把正确的事情做好"。

就第4条"红色指标"而言，做到了不一定奖励，做不到就必须重罚。因此也可以将其视为"否定性指标"。

六、绩效指标的自我检测

经过上述环节后，我们就基本可以设计出绩效指标了。但为了进一步确保指标体系的科学性与合理性，我们还需要对指标进行最后的自我检测。检测的角度主要包括以下几个方面：

（一）公司目标是否全部予以分解

检视公司的战略目标和年度经营目标是否全部都分解落实下去，是否做到了所有指标都有人承担。

（二）是否做到了横向公平

平级部门之间、平级人员之间，在所承担指标的数量多寡、难易程度、繁琐程度等方面，是否都大体均衡。如果有的部门指标重，有的部门指标轻，那我们就要考虑为承担指标轻的部门增设一些指标，以便从"起跑线"上体现出考核的公平性。

（三）考核指标是否具有必要性

在对指标总量予以控制的约束下，考核指标重要性的意义就更加凸显。举例来说：考核高层领导的迟到、早退、着装等，不仅没有实际意义，反而会干扰高层领导本应关注的重要事项。

（四）指标定义是否容易引起歧义

如果大家对指标的含义有不同的理解，那么在后期绩效考核时就会出现争议，为了平息争议，很多公司只好采取不了了之的做法。这无疑会对公司政策与制度的权威性形成严重冲击。

（五）指标的实际完成值是否可以低成本获得

如果某一指标很重要，但不能够低成本获得，我们就要考虑以变通的方式予以考核。举例来说：销售人员所花费相关费用的合理性是一个很重要的指标，但我们无法对销售人员的住宿费、宴请费、礼品费、交通费等是否合理逐一派员核实。因此，很多企业一般采用包干制的办法——只要销售成本与销售费用之比控制在合理范围即可。

（六）考核结果是否公平合理

为了确保考核结果的公平合理，我们可以用近两年的实际数据对新设计的指标体系进行模拟测算，看看实际测算出的各部门、各单位及代表性人员的考核得分，能否客观反映大家近两年的实际表现。如果测算的结果与实际情况或大家的期望有很大差距，我们就需要对指标值、指标权重、计分办法等进行修正。

现在以对表3-7的修正为例来进行说明，修正后的绩效计划如表3-8所示。

表3-8　20××年4月份李四的绩效计划（修正版）

序号	考核模块	考核指标/内容	权重/配分	计分办法	备注
A	销售收入	完成销售收入300万元	70分	实际得分=（实际完成值÷目标值）×本指标配分	—
B	市场信息搜集	搜集主要竞争对手的产品及价格信息	20分	每缺一项重要信息，扣2分	—
C	学习成长	培训参与率100%；培训合格率100%	10分	实际得分=（培训合格的次数÷应参加的培训次数）×本指标配分	因公务安排、本人休假（请假）等原因未参加培训的，不予考核

根据表3-8，假设李四4月份因公务出差而错过了2次培训，其他情况不变。那根据新的计分办法，李四4月份的绩效考核得分计算如下：

A指标得分=（实际完成值÷目标值）×本指标配分
　　　　=（280÷300）×70
　　　　=65.33（分）

B指标得分=20（分）

C指标得分=（培训合格的次数÷应参加的培训次数）×本指标配分
　　　　=（1÷2）×10
　　　　=5（分）

员工李四4月份绩效考核得分=A指标得分+B指标得分+C指标得分
　　　　　　　　　　　　=65.33+20+5
　　　　　　　　　　　　=90.33（分）

修正后的模拟测算结果（90.33分），基本符合李四当月的实际表现，既体现出了考核的公平公正，又体现出了对员工的正确引导和合理激励。

【复习与思考】

1. 指标过多和指标过少各有什么优缺点，为什么？
2. 在设计绩效考核周期时应考虑哪些因素？
3. 月度考核和年度考核有什么不同的侧重点？
4. 设置绩效目标应坚持哪些原则？有哪些主要方法？
5. 如何对绩效指标的科学性与合理性进行自我检测？

【案例分析与创新探索】

DF 玩具厂的兴衰

改革开放释放了我国的经济活力，提升了人们的生活水平，特别是广大农村地区的消费能力也迅速提高起来。北方某市的轻工业局顺应时代需求，成立了国有独资 DF 玩具厂。由于国有企业具有工作稳定、收入高、社会地位高等优势，对人才的吸引力很大，所以很快就从当地各行各业吸引来大量熟练工人。同时企业也从社会上招募了一些待业青年和农村富余劳动力。

作为典型的国有企业，DF 玩具厂的评优选先、工资晋级、职务晋升等好机会，基本上都给了服从领导、任劳任怨、脏活累活抢着干的"劳模"式的员工，而那些有思想、有创新能力但不墨守成规的人，往往被边缘化。幸运的是，多年间，我国新生儿每年都维持在 2 000 万人以上[①]，高生育率使得玩具行业供不应求，因此 DF 玩具厂的"小日子"过得非常滋润。

但是好景不长，大约在 1986 年前后，全国各地的玩具厂纷纷扩大产能，DF 玩具厂的产品开始滞销。在 1985—1987 年短短的三年时间里，DF 玩具厂累计亏损 100 多万元[②]。于是 DF 玩具厂厂长亲自带队，到当时红遍全国的"马胜利造纸厂"取经。由于当时的马厂长正忙着在全国做报告、筹建企业集团，因此由厂里的办公室副主任给他们简单讲解了成功经验——推行承包制，重奖销售明星。

DF 玩具厂如获至宝，回来后立刻决定以销售部门为试点，实行新的工资制度和奖励办法。这一做法很快就收到了成效，在"销售提成+高额奖励"的刺激下，销售员们整天马不停蹄，将销售渠道和终端向广大农村地区的供销社和小卖部下沉。传统国企质量过硬、价格优惠的特点，使 DF 玩具厂一下子就打开了农村市场。此时 DF 玩具厂的评优选先、工资晋级、职务晋升等好机会，基本上都给了产品销售领域（如"出点子""拉业务""跑市场"）的骨干。DF 玩具厂又迎来了新一轮的欣欣向荣。

---

① 韩玥. 我国人口发展战略研究 [EB/OL]. (2016-11-11) [2023-10-15]. http://theory.people.com.cn/GB/n1/2016/1111/c217905-28854625.html.

② 一个可以参考的数据是：1990 年全国职工年平均工资为 2 140 元。

1992年，党的十四大报告把建立社会主义市场经济体制确立为我国经济体制改革的目标。小平同志南方谈话将衡量工作成败得失的判断标准，高屋建瓴地概括为"是否有利于发展社会主义社会的生产力，是否有利于增强社会主义国家的综合国力，是否有利于提高人民的生活水平"。从此以后，人们摆脱了"姓社""姓资"的困扰。东南沿海地区毗邻港澳台，对外界的新鲜事物接触较早，又在制度体系中得改革开放之先（改革开放试点城市），其产品款式新颖、颜色鲜亮，加之市场流通体制的进一步开放，交通运输的便利为其产品向北方市场的扩展"打通了最后一公里"。

　　在之后的发展中，DF玩具厂的产品款式和材料相对其他厂的产品而言比较陈旧，多年来也几乎没有在新产品研发上进行过实质性投资。虽然凭借产品模仿又勉强维持了几年，但是在市场经济的大潮下，其原本因循守旧、不注重产品升级换代的缺陷日益凸显，最终在1995年底宣告破产清算。

【讨论与创新】

　　1. 从案例中推断，DF玩具厂在各个时期的绩效考核指标主要集中于哪些方面？
　　2. 从案例中推断，DF玩具厂在绩效指标设计上严重忽视了哪些重要领域？
　　3. 如果让你来负责人力资源部，你会为DF玩具厂设计怎样的指标体系和奖惩办法？

第四章　绩效监控与沟通辅导

　　经过精确设计后的指标体系就可以正式实施了。需要特别提醒的是，设计再好的绩效计划，在实际工作中也会出现各种各样的问题。因此，管理者需要在绩效计划实施过程中，对工作进度、工作质量、员工的身心状态等跟进监督，与员工进行适时沟通，并对有可能影响绩效目标实现的重要问题予以合理调控。

学习目标
√ 掌握绩效监控的目的和内容
√ 了解"领导"与"管理"的异同
√ 掌握绩效沟通中管理者的双重责任
√ 掌握绩效沟通的主要方式
√ 掌握绩效辅导的定义、目的及主要形式

【引导案例】

小杨的辞职信

　　小杨是一家电信公司的项目经理，工作业绩和综合表现一直都很好。几天前，他却突然将一封辞职信放到了项目部总经理王总的桌子上，信中这样写道：
　　尊敬的王总：
　　虽然我很喜欢现在的工作，但又不得不非常遗憾地向您提出辞职。
　　这几年，我们的网络建设速度实在太快了，是同行业中公认的"第一速度"，这一点您肯定比我们更清楚。但您是否知道，为了完成越来越重的绩效目标，我们有多少个周末没有休息，多少个晚上连夜奋战啊！
　　我知道，自己的任务完成得并不十分完美，但您有没有问过我们在工作推进中是否有什么困难呢？虽然我们经过反复摸索和尝试，最终也战胜了各种困难、确保了工作进度。但如果我们能早一点知道解决办法，会减少多少个不必要的加班啊。我的团队成员，也可以获得更多的宝贵的休息时间。
　　今年，我们的绩效指标比去年高出很多，难度真的非常大。但您每次把任务分配下来，我们就很难再见到您了。春节复工以来的 4 个多月里，您总共也就和我们见过六七次面，而且每次都是匆匆聊几句就走开了。就在上个月，我发了一个重要的邮件给您，向您汇报了工作进展、所取得的成就，以及当时遇到的重大难题，但很长时间都没有得到您的回复。

作为重要部门的一把手,您每周都要和公司老总开好几次会,而且还要经常出差到外地检查、验收、谈项目,还要频繁应对重要客户的项目需求变更,处理各种投诉。我们知道您非常忙,但整个公司哪个团队不忙啊?况且,越是在忙碌的时候,我们就越想得到您对我们工作业绩的肯定,给我们的团队士气"充电",对我们的迷茫、困惑和无法自己解决的难题予以指导,给我们点亮奋勇前进的"航灯",使我们少走弯路,少犯错误,再创佳绩。我们等了好长时间,但什么也没有等到。

现在,我已身心俱疲,真的没有耐心再等下去了。很抱歉在这么忙的时候提出辞职,希望公司越来越好,也祝愿您和项目部的全体同仁越来越好!

思考:
1. 在本案例中,王总的做法有什么错?小杨的个人表现怎样?
2. 如果你是小杨,你会怎么做?
3. 如果你是王总,你又会怎么做?

第一节 绩效监控

绩效计划的实施,就像已发射的巡航导弹的飞行过程,不能听天由命,而是要通过技术手段不断探测导弹的飞行方向、速度和高度,并在飞行过程中避开各种障碍(如山丘、树木或敌方的电磁干扰),引导其最后击中目标。

绩效计划的实施也是一样,我们不能通过"画大饼"来"激励"员工、促使目标自动实现,而是要对工作过程采取必要的跟踪和监控,并对偏离目标的行为采取科学有效的调控措施。

一、绩效监控的定义

所谓绩效监控,就是管理者采取恰当的方式对绩效计划的实施过程进行的必要的动态跟踪与阶段性检查,并根据监控结果采取恰当的干预措施。这一过程,就像对已发射的导弹进行全程跟踪和引导。

二、绩效监控的目的和内容

(一) 一般意义上的绩效监控

绩效监控的主要目的是及时把握与工作或人员相关的重要信息,并通过恰当的干预措施来实现员工、企业和社会的多赢。为实现这一目标,管理者需要监控的内容主要包括:

(1) 将工作进度与工作质量,与既定计划和既定目标做比较,看是否有必要调控。比如:如果工作质量达不到要求,就要尽快加以改进,甚至是全部返工;如果工作进度跟不上计划,就要在确保工作质量和安全生产的基础上突击赶工。如果工作进度超越了计划进度,也不能沾沾自喜,而是应加强对工作质量和生产安全的监督检查,确保全年"零次品"和"零事故"。

（2）工作中所取得主要成就，能否在其他部门和单位予以推广。这就涉及"知识的创造与共享"——人力资源管理中的一项高级活动，也是现代企业追求高质量发展的必由之路。

（3）针对员工们在工作中所遇到的问题和障碍，是否需要指导和帮助。正如本章引导案例中的小杨，员工们在工作中总会遇到各种各样的问题。有的是出于知识和经验的不足，不知道如何处置；有的是出于决策权限的制约，需要向领导请示；有的是因为工作条件方面的欠缺，需要向领导申请资源。此时，领导者要及时予以必要的指导、帮扶和资源上的支持。

（4）对于员工们的士气、心态和身体状况，是否需要加油打气、鼓励表彰或适度干预。我国在抗日战争、解放战争、朝鲜战争中所取得的经验均表明，决定战场胜败的不仅包括武器装备和后勤保障等物质条件，还包括战士们的训练水平、作战勇气和必胜信念等人员因素。

企业管理也是一样，当员工们身心疲惫、士气涣散、牢骚满腹的时候，不可能创造出卓越绩效（特别是"创新绩效"）。因此，对员工们的士气、心态和身体状况进行动态跟踪，并及时采取必要的激励或干预措施，是当前企业高质量发展所面临的一个重大课题。

小贴士

企业福利新动向

早期的企业福利，更多的是发放大米、白面、食用油等基本的生活保障物资。进入21世纪以来，国内企业的福利开始强调五险一金、商业保险、企业年金等法定的或企业自主的货币性福利。这可使员工在失业、退休、生病、购房等方面获得较为全面的财务保障。近年来，企业福利又开始向更加趣味性和多样化的方向发展。

以广州P&G公司为例，除了完善的HR制度，P&G公司也特别重视员工的身心健康，经常举办如下活动：由香港牙医主持的健康牙齿计划；基于健康检查与生活习惯调查的健康睡眠计划；由著名国有银行提供的个人理财计划；由专业健身公司提供的太极、跆拳道、瑜伽、乒乓球、有氧运动等健身项目；由专业眼科中心制订的健康用眼计划；由专业人士提供的儿童抚养计划（如何培养好自己的孩子）；以及专门针对女性员工的体检计划、健康月计划等。此外，公司还组建了篮球俱乐部、羽毛球俱乐部等多种俱乐部，定期举办运动会、歌咏比赛等娱乐项目。

由基本保障到财务保障再到注重身心健康的持续迭代，现代企业福利把员工需求和企业发展紧紧绑定在了一起，成为企业与员工风雨同舟、共创共享的重要制度安排。

（二）高层领导的绩效监控

一般意义上的绩效监控，普遍存在于企业各部门和各单位的绩效管理实践中，也是国内外人力资源管理教材所普遍定义的绩效监控。但是在现代企业的工作实践中，还有一种非常重要的绩效监控现有文献很少涉及，即高层领导的绩效监控。

1. "管理"与"领导"

一般而言，各部门和各单位负责人进行绩效监控的最终目的是确保完成任务、实现目标，然后拿到奖金并为将来的职位晋升储备"业绩筹码"。因此，其绩效监控的重点在于工作进展与预期计划是否相符，是否需要调整。其工作的根本属性是"维持职场秩序"，是学术定义中的"管理"。

而高层领导（特别是企业老板）进行绩效监控的最终目的是在确保企业规避重大经营风险的基础上尽可能把握机遇，进而实现跨越式发展。其工作的根本属性是创造商业奇迹（可以理解为"企业家精神"的一种直观表现），是学术定义中的"领导"。

2. 高层领导的绩效监控

由于两者的站位不同、目标不同、着眼点不同，因此高层领导和普通管理者在绩效监控中所关注的重点有着很大的不同。

（1）财务安全方面，包括收入、成本、负债率、现金流等。其中的收入，特别是主导产品（含服务，下同）和战略创新产品的销售收入，代表了企业现在和未来创造价值的能力；成本，代表了企业的技术水平、工艺水平和内控水平，在很大程度上影响着企业竞争的价格优势；负债率和现金流，决定了企业日常工作中的经营风险。举例来说，如果负债率高但现金流低，市场环境一个大的波动就有可能导致企业因资金链断裂而迅速破产。

上述指标中的哪一项出现重大问题，都有可能影响到企业的生存与发展，因此，财务安全是高层领导在日常工作中最为关注的方面。

（2）生产安全方面，包括人（包括员工和周边民众）、机（机器设备）、料（原料、辅料）、法（工艺、方法）、环（环境）等，重点关注的是设施设备的额定寿命、使用年限、运行状况以及员工操作的规范程度等指标，以便及时发现和消除各种生产和生活（如员工食堂、宿舍、澡堂、更衣室、休息间等）隐患，避免发生人员伤亡和财物损失。

（3）人才安全方面，包括核心人才、关键人才、特殊人才、骨干人才等人才的工作积极性、创造性、协作性、离职率等。关于人才，美国宝洁公司（P&G）原董事长杜普里（Richard Deupree）曾表示："假如你夺走宝洁的人才却留下金钱、房屋及品牌，宝洁将会失败；假如你夺走宝洁的金钱、房屋及品牌，却留下人才，宝洁将在10年内重建王国。"[1]

企业高层领导对人才的关注并不需要时时刻刻挂在心头，但是当人才队伍出现高缺勤率、低参与率、高离职率等不良迹象时，企业要能够及时发现、深入分析、妥善

---

[1] 周施恩. 世界顶级公司人力资源管理实操详解［M］. 北京：中国纺织出版社，2010：17.

解决不良现象背后可能存在的管理问题。

（4）机遇和挑战方面。财务安全、生产安全和人才安全重点关注的是企业内部，而机遇与挑战关注的更多的则是企业外部。供应商、消费者、竞争者、潜在竞争者、替代品等可能影响企业生存与发展，宏观经济、政策法规、技术革新、消费者需求转移等能够给企业创造更大市场空间。实际上，此类绩效监控已经扩展到战略管理中的"环境扫描"范畴，是领导者非常关心而很多管理者所经常忽视的一项重要工作。

在企业实践中，很多管理者通常只盯着自己负责的狭小领域，看到、想的和做的基本都是按部就班的日常工作，在向高层汇报时往往不得要领——本来自己兢兢业业、勤勉履职并绞尽脑汁编写的汇报材料，为什么高层领导总是不赏识呢？其中的重要原因就隐含在上述对两种绩效监控的分析之中。

三、绩效监控需把握的四个关键点

案例研讨

无处不在的监控[①]

案例1：

2019年，为了打造"智慧环卫"，南京JH环境服务有限公司给其旗下的环卫工人配备了GPS定位手环。

该手环可以向后台即时上报佩戴者的位置和行动轨迹。当工人停止移动达到20分钟时，手环就会立刻向其发出语音提示："短暂的休息之后，继续努力工作吧，加油！"如果工人在上班时离开了自己的工作区，其手环会自动上报公司综合调度监控指挥中心，公司人力资源部会据此在绩效考核时对员工进行违规处罚。当然，该手环对工人们也有一些好处。比如，当其在工作中面临危险时可以按"求助"按钮，从而可以在第一时间获得救助。

案例2：

2021年11月，上海JX公司通过软件系统对公司电脑上的信息流进行排查，发现有11名员工在上班时利用公司电脑和网络资源从事与工作无关事项，包括玩电脑游戏、上网聊天、听音乐等。于是，JX公司对这11名员工进行了处罚和内部通报。

案例3：

2022年2月，有网友在社交平台上爆料称，因其在上班时间向招聘网站投递简历而被领导约谈后裁员。

据调查，该公司（YS公司）引入了一套行为感知系统，它可以帮助企业精确监测

[①] 周施恩，等. 人力资源管理导论 [M]. 2版. 北京：首都经济贸易大学出版社，2023.

到员工在一定时间内访问求职网站、投递简历等行为，并可以即时将员工的姓名、所属岗位等个人信息发送给管理者。

讨论：

1. 上述案例中的企业监控是否侵犯了员工的个人隐私？
2. 在信息化、智能化时代，企业如何在确保人性化管理的基础上对员工进行合理监控？

从上面三个案例中可以看出，科技进步使企业对员工的监控越来越便捷，但也在无形中压缩了员工的私密空间，降低了其在工作中的自由度和自主性，从而使工作变得更加枯燥乏味。因此，管理者在进行绩效监控时，应注意把握以下几个重点：

（一）监控的内容要科学合理

如果连员工正常休息和上厕所的时间都要监控，就会将工作中最基本的信任以及员工最基本的尊严都丢掉了，这显然既不科学又不合理。

以南京 JH 公司为例，公司监控的重点应该是员工是否按计划完成了环卫任务，其工作成果是否达到了公司规定的卫生标准，以及员工在工作中是否有不符合规范要求的行为方式。诸如：迟到早退，粗暴操作（如在扫地时，故意搞得尘土飞扬）而影响了民众的正常出行或游玩等。科学合理的监控，既可达成公司的绩效目标，又能给予员工更多的自由，岂不是两全其美？

（二）监控的频次要因人而异

有的员工有很强的自律性，他们总是能够开动脑筋、排除万难，保质保量按时完成自己所承担的工作任务，很多时候还能"超常发挥"；而有的员工的工作主动性相对较差，工作质量和工作态度差强人意。作为管理者，要对自己下属的能力素质和行为表现有较为客观的了解，从而在布置任务和进行绩效监控时，有针对性地予以差异化处理。

比如：对责任心和能力素质都很强的员工（即人们通常所说的"高素质人才"），要给予其更多的工作自主性和更多的人文关怀；对于能力素质偏低、责任心差的员工，要加强检查督促，以及工作上的培训指导。

小贴士

绩效监控的差异化管理

"天冷了，记得穿秋裤！""记得多喝热水！"

还记得小时候妈妈或奶奶的叮嘱吗？你是不是很不耐烦？对高素质员工的绩效监控也是一样的。在工作中，高素质员工的能力素质和自律性都很强，他们总能按时给你一个满意的结果。对此类员工，在工作上宜采用"无为而治"的管理模式，同时保持适度的关心、关怀。对于那些能力素质和工作意愿都不高的员工,管理者则要注意加强检查督促和工作指导。

概括起来:对素质高的员工频繁监控,摆明了是不够信任;对不负责任的员工不进行监控,说白了是管理者不负责任。

(三) 监控与沟通相互补充

"偏听则暗,兼听则明",在很多时候,我们所看到的和能够想到的,往往都不是事物的全貌。在适度绩效监控的基础上,管理者还要与员工保持充分的沟通——通过观察,发现一些现象;通过沟通,了解背后的原因。两者有机结合,有助于管理者了解事实、把握全貌,进而采取科学有效的干预措施。

(四) 干预措施要立意高远

通过绩效跟踪发现所取得的成就和面临的问题,这一阶段的重点是合理监督(不放任自流,也不面面俱到)、把握全貌。紧随其后的就是绩效控制,这一阶段的重点是立意高远,并尽可能建立长效机制。

以上面案例中的 YS 公司为例,当通过技术手段(在此暂不讨论这种手段是否合法)发现员工有离职意向时,企业最应该做的是通过访谈、座谈、制度盘点等方式,发现公司管理中的弱项、短板或其他令员工不满意的地方,然后优化制度(包括绩效管理、薪酬管理、职位管理等人事管理制度)、改进管理、系统提升,持续提高管理水平和人才竞争力,进而达到公司长期健康发展的战略目的。

非常遗憾的是,YS 公司领导仅仅是约谈有离职意愿的员工并将其开除了之。这无异于"仅仅把露在皮肤外面的箭杆剪掉"就以为"治好了深入骨髓的箭伤"。

第二节 绩效沟通

当前,企业工作越来越呈现出"碎片化"和"模块化"趋势[①],出于各司其职、互通有无、密切配合、聚沙成塔的客观需要,沟通便成了是日常管理中的重要工作之一。

一、管理者的双重责任

绩效沟通的目的就是要在信息上互通有无、消除误解、达成共识,进而为下一阶段的工作改进提供参考。有鉴于此,管理者在绩效沟通中往往肩负着双重责任。

(一) 对上级的责任

在绩效沟通中,管理者对自己的上级应主动汇报以下三方面信息:

---

① 工作"碎片化"的典型例子是流水线上的员工,每人只负责一个非常简单的动作,比如,打螺丝、分拣不成熟的水果等。"模块化"的例子就相对就更为普遍。以编写战略规划为例:有人负责产品规划,有人负责技术规划,有人负责人才规划,平时各司其职并保持密切沟通,然后在预定的时间点汇聚在一起形成完整的战略规划。

(1) 工作现状。汇报工作进展，当前所取得的成就，以及所面临的困难和障碍。
(2) 未来计划。自己及所属部门下一步的工作计划，以及所需要的资源和帮助。
(3) 其他信息。主动汇报可能会影响绩效目标实现的各方面信息。比如，相关政策的变化，主要竞争对手的动向，公司管理中的主要短板，等等。

很多年富力强的管理者把主要时间和精力都集中在工作和员工身上，他们积极向上、以身示范、业绩突出，但往往忽略对上级的汇报沟通。殊不知，上级肩负着更大的责任，他们也需要适时把握工作进展及人员状态。如果不及时沟通汇报，就有可能因信息不对称而产生误解甚至是隔阂（参见本书第二章小贴士"管理自己的上司"）。

（二）对下级的责任

管好自己的下级，关心自己的下级，打造和谐相处、共创共享的高绩效团队，必须重视日常工作中的绩效沟通。

(1) 把握现状。适时与员工进行沟通，以发现下属在工作中所取得的成就，以及所面临的问题和障碍，力求做到对工作现状全面、客观的把握。
(2) 及时反馈和指导。对员工所取得的成就，及时予以物质或精神上的鼓励；对于员工在工作中的困惑和所面临的问题，予以恰当的指导和帮助。
(3) 给予必要条件和资源。对于员工所需的工作条件及各种资源，要能够积极协调支持，确保员工能够正常开展工作。

以本章引导案例中的小杨为例，如果王总能够做好绩效监控，及时对大家所取得的成就予以鼓励，对大家在工作中面临的问题予以帮助和辅导，那小杨及其团队成员就会心情愉悦，工作也就愈发富有成效，公司就不会失去一个认真负责、卓有成效的高水平领军人才。

二、绩效沟通的主要方式

与很多人的理解不同的是，绩效沟通不是单纯的口头交流，而是有着多种不同的方式。管理者对其各自的优缺点要有深刻的认知，并能在自己的日常工作中合理应用。

案例研讨

"空降兵"的烦恼

L女士原来在一家世界500强外资企业供职，她作风硬朗，业绩突出，管理经验非常丰富。今年年初，L女士通过猎头公司的牵线搭桥，空降到了国内某大型民营企业DX公司，任市场部总经理，属下有17名员工。

刚来时，她参照在外资企业的工作习惯与员工进行沟通：一是要求员工每月填写月度报表并提交给她；二是每月对每位员工都花20分钟进行面谈，讨论一下其所提交的工作报表。此外，她有着一套同员工保持良好的关系的技巧，并做了大量的非正式沟通。在开始的几个月里，她这么做很有效，但随着之后部门的工作越来越忙了，收回书面报告也就越来越困难，并且每个月总有一半人迟迟不交上来。

于是，L女士开始思考：为什么这种原来行之有效的方法现在却难以继续？她得出的结论是员工认为这种方法没用，是浪费时间！但是，她还是需要定期获得一些信息，以确保绩效目标的最终实现。于是，她决定从以下几个方面予以改进：

1. 取消了每月一次的书面报告和面谈，取而代之的是在咖啡时间与员工进行非正式交谈或者通过走动观察员工，并对有关情况随时记录。

2. 每周召开一次简短的例会（主要由其所领导的4位基层经理参加），以全面掌握有关情况并及时予以调控。

3. 为促进有关信息的充分分享并能够以团队的方式共同讨论一些重要或棘手的问题，她一般还在每季度末安排一次全体员工大会（市场部所有员工都要参加）。

通过多种方法的有机组合，她既及时得到了所需要的信息，还减少了许多不必要的工作，她对自己的这些调整非常满意。

讨论：

对于L女士关于绩效沟通的这些调整，你怎么看？

（一）书面报告

书面报告一般以周报或月报的方式，向管理者汇报绩效计划的实施情况。一般而言，书面报告具有格式规范（如填报制式表格）、内容全面、条理性强、严肃性高等特点。当出现意见纠纷时，也可以作为重要评判证据。同时，书面报告也有一些不足之处，诸如：

（1）需要花费较长时间填写。

（2）内容相对固化，容易忽略一些较为敏感的细节。

（3）如果不及时检查反馈，容易流于形式等。

在《"空降兵"的烦恼》案例中，如果公司根据绩效计划书对员工实施月度考核，那再填写工作月报就没有太大意义——只要按照绩效计划书，对员工当月的计划完成情况进行考核打分即可。如果多数员工主动性和自律性欠佳，可以要求员工以简短周报的方式进行书面报告，以起到动态检查和督促的作用。

（二）会议沟通

会议沟通是企业中较为常见的沟通方式。一般而言，会议沟通可以使与会者同时了解相同的沟通信息，具有受众广、信息对称、多向交流、集思广益等特点。但是，会议沟通也存在一些潜在的不足：

（1）与会者都要停下手头的工作。

（2）与会者在同一时间赶到同一现场，往往会产生一些因交通和等待而造成的时间损耗。

（3）对于重要议题，一些与会者说话比较含蓄，不愿当众表达自己的真实想法，可能会导致会议冗长，甚至"议而不决"现象。

应对策略：为了提高会议效率和效果，需要提前确定议题、提前确定与会人选、提前发出会议通知、提前准备会议材料、做好会议纪要，保密会议决策过程（违者要按规定严格予以处罚），以及加强会议决议的督办落实等工作，以有效避免"会而不议""议而不决""决而不办"等不良现象。

小贴士

日本人提高会议效率的"绝招"

传统开会时，大家坐在舒服的座椅上，冬有暖气，夏有凉风，汇报者夸夸其谈，领导者长篇大论。想干事的人唯恐避之不及，不想干事的人正好借此消磨时间。

为了避免这种现象，一些日本公司想出了一些很绝的招数：除了按规定加强会议流程管理外，他们刻意把会议室设在公司里通风和采光最不好的房间，而且不装暖气也不安空调，夏天热得要死，冬天寒意逼人，会议期间也不提供饮用水。

还有的公司，他们把会议室的桌子做得很高，与会者都没有座位，只能站在桌子边开会。大家都不想在这样的环境里浪费时间，于是在开会时就只"捞干的说"，会议的效率大大提高。而那些可有可无的会议，干脆就再也不开了。

（三）正式面谈

正式面谈往往采取一对一的方式进行，其他员工均不在场，因此具有沟通深入、保密性好、能够维护员工尊严等特点。但是单独面对领导时，有的员工可能会有心理压力。为了确保公平性，领导者需要与所有员工面谈，以避免给员工造成厚此薄彼的印象，因此会花费较长时间。

试想一下，案例中的L女士手下共有17位员工，如果每人都要谈20分钟，那就需要340分钟（加之换人、等待的时间需要将近7个小时），其消耗的时间和精力之大，可想而知。

（四）非正式沟通

非正式沟通可以随时随地了解绩效计划的实施情况，因此可以作为书面报告、会议沟通和正式面谈的一种补充。

在很多时候，领导者自己可能会觉得以这种方式沟通显得自己"平易近人"，但是在没有准备的情况下，员工可能因紧张而漏掉很多重要的信息。特别是在咖啡时间，员工们本来想借机会休息一下，或者跟要好的同事闲聊一会，换换脑筋，然后再继续奋战。领导的突然出现可能会打乱员工的固有节奏，反而得不偿失。

当今，企业中电子邮件、OA、QQ、微信等沟通方式越来越普及，也为管理者布置工作和绩效沟通提供了极大的便利，本来是一件好事。但这种随时随地、无处不在的便利沟通，又往往使员工感觉无处可逃——试想一下，你正在利用难得的假期与家人在海边享受阳光、沙滩、海浪和椰汁的惬意，突然工作群里一个@过来！是否会让人血压瞬间上升？

三、绩效沟通的简单技巧

（一）有效沟通的重要价值

在日常工作中，有效的沟通具有不可替代的重要价值。

1. 促进信息交流，减少认知盲区

通过有效沟通，可以有效减少相互之间在工作上的认知盲区，增加工作的透明度，从而使大家对自己和他人工作价值的认知更加全面、客观，促进相互配合，提高工作效率，压缩"相互攀比"和"暗箱操作"的空间。

小贴士

今天，你"攀比"了吗？

康奈尔大学的弗兰克教授曾做过一项有趣的调查："一个普通的美国家庭，究竟需要多大的房子？"

令人大跌眼镜的是，调查结果显示："一个普通的美国家庭所需要的房子大小，主要取决于他们的邻居。"

著名人际关系学大师戴尔·卡耐基曾说："生活中的许多烦恼，源于我们盲目和别人攀比。"我国也有类似的俗语，"人比人得死，货比货得扔"。心理学研究表明，攀比是产生痛苦的重要根源；而攀比的根源则主要来自相互之间的不了解。以普通民众为例：当他得知住豪宅的邻居天天都在为讨好客户绞尽脑汁，为了多拿订单而放弃家庭与休闲的时候，也就释然了。同样道理：蓝领工人羡慕办公室文员的清闲，主要是没看到其在工作中的殚精竭虑；办公室文员羡慕销售人员的高收入，主要是没有看到他们在客户面前是如何小心翼翼。

"只看贼吃肉，没见贼挨打"是对这一现象最好的说明。从这个角度看，当我们对工作中的人有了更为全面的认知之后，就会减少相互之间的盲目攀比。职业幸福自然也就多增加了几分。

2. 增进相互了解，有效消除误解

所谓误解，往往是由认知偏差或捕风捉影等"不当归因"引起的。大家还记得"杯弓蛇影"的故事吗？由于误解，本来喝了"蛇酒"之人"胸腹痛切"，"攻治万端而不为愈"。但是当经过沟通、了解真相之后，他便"其意豁然""沉疴顿愈"了。

通过有效的沟通，人们可以增进了解，很多误解也就自然得以消除，人际关系氛围也相应得以改善，大家也可以因此保持更加健康的身心状态。

3. 达成共识，形成合力

研究表明，人们之所以不团结，往往是由认识和利益的不一致引起的。当通过沟通达成共识之后，大家对利益相互依赖、相互促进（俗称"唇齿相依""大河流水小河满"）的认知也就更加清晰，有助于形成工作上的合力，进而形成"1+1>2"的协同效果。"三个和尚没水喝"的故事，其实也从一个侧面证明了这一点。

（二）沟通的基本要素

街边晒太阳的白发老人之间的聊天主要是为了消磨时光，一般情况下想怎么说就怎么说。而工作中的相互沟通则有着多种不同的目的，也有着更为严苛的要求——在工作节奏越来越快的当今社会，谁都没有闲工夫去听空洞无物的长篇大论，也不愿意去听一个准备不充分的工作汇报。

为了提高沟通的有效性，无论是管理者还是普通员工，都需要关注以下六个基本要素：

1. 沟通的目的

沟通目的是决定沟通其他要素的根本环节。举例来说：如果是为了消除误解，那在沟通的时候就要特别注意把引起误解的根源解释清楚；如果是为了说服对方，那在沟通的时候就要特别注意发言（或书面报告）的逻辑性，主体内容要入情入理、引人入胜、言简意赅，而且还要针对对方的需求点（俗称"痛点"）来展开论证。

2. 信息的发出者和接受者

两者的关系在很大程度上决定了沟通的方式。举例来说，同样是为了说服对方，当面对自己最信任的下属的时候，可以是"批评+命令"的方式，这样会更加突出两者之间的亲密关系；当面对新入职员工的时候，可以是"讲解+说教"的方式，这样可以使新员工树立自信、掌握技能；当面对平级管理者的时候，可以用"上级命令+表明利害关系"的方式（"上级命令"可以抬高事项的权威性，"表明利害关系"可以提升事项的吸引力，适用于相互关系一般的平级管理者），也可以用"'要赖'+打动"的方式（适用于关系密切的平级管理者）——"这事你要是不帮我，下次别怪我不帮你啊！再说了，在这事上帮我对你也是有好处的，你想想看。"

3. 信息本身

信息本身是沟通的核心内容，它会对沟通方式产生直接影响。举例来说：领导让你把一份材料送给客户，材料已经送到客户手上，并且对方已经签字验收。此时你要向领导汇报工作进展——"材料送达，对方已签字验收"，这就是信息本身。对于此类信息，沟通的方式就是要简便快捷。而如果你要向领导汇报的是一份新市场开拓计划，由于沟通内容信息量大、逻辑性强，且需要调动很多方面的重要资源（人、财、物），沟通的方式就要非常正规，在时间安排上也要更加充裕。

4. 媒介

媒介就是承载信息的载体，恰当的媒介选择，可以使沟通水到渠成。还是以上述送材料为例，将"材料送达，对方已签字验收"的信息，用简单的微信或 OA 留言的方式（媒介）向领导汇报即可。而如果你要向领导汇报的是一份新市场开拓计划，沟通方式最好选择"书面报告+正式沟通+会议汇报+PPT 展示"的有机组合，而且还要提前做好汇报的各种准备工作。

课堂讨论：

大家不妨想一想，如果需要沟通的信息仍然是上述两种，但我们把媒介互换一下，效果会怎么样呢？

5. 环境

很多年轻的管理者往往只注重完成绩效沟通任务，而不太注意沟通环境的选择和营造，这是一种不正确的做法。殊不知，环境本身就是在无形中向对方发出的一种重要信息。举个大家都熟悉的例子：当友好国家的高级别官员来访时，东道国一般都会按照国际惯例铺红毯、列仪仗队、奏两国国歌，并安排对应级别的官员到机场迎接；而当不友好国家的官员来访时，东道国经常会有意降低接待规格，甚至连基本的礼仪等都可以省了。这样的环境营造，难道不是在向对方发出信息吗？在很多时候，虽然还没有说一句话，但"想表达的意思"已经很明确了。

企业中的绩效沟通也是一样。当你在走廊里很随便地向领导打招呼时，领导往往不会特别重视。而当你选择领导方便的时间，特意找到领导办公室里，非常正式地向领导表达信息时，领导自然就会采取完全不一样的态度。

小贴士

日本白领为什么喜欢下班后来一杯？

在日本，白领下班后和上司或同事一起参加"饮会"的习惯由来已久。

一般而言，参加"饮会"目的有很多，诸如：宣泄工作压力，增进人际关系，显示自己很重要、很善于社交，等等。甚至如果男人下班后直接回家，就会被太太解读为"丈夫在公司里不重要，是可有可无的人物"。

另一个重要原因是，出于日本人的"害羞文化"，有些话在公司里很难说出口，因此通常会在居酒屋里"以酒遮脸"，相互之间进行比较坦诚的沟通，即便言语上有所冒犯，在这样的环境里也会显得无所谓。实际上，上述所有目的往往是交织在一起的，就像日本"清酒"里的酒精和水、蘸料中的芥末和酱油一样，你中有我，我中有你，多数情况下很难将其分开。

在这里，休闲、放松、可以摘下面具来表达自己意见的居酒屋，就成了日本人绩效沟通的一个绝佳环境。其入也渐，其言也深，但这一切都在日本白领阶层似有似无的微醺之中，在"非常不正式"的"正式沟通"里暗流涌动。

6. 反馈

在维也纳的金色大厅里听交响乐，一曲结束后大家热烈鼓掌，是对音乐家的一种反馈；坐在北京的长安大戏院里听京剧，每到精彩之处，懂戏的人大声叫"好"，也是对艺术家的一种反馈。舞台上的表演者听到大家积极、热烈且非常专业的反馈后，会更加激情地投入表演之中,最终台上和台下的人都享受到了一场艺术盛宴。甚至有人说,"一场表演的精彩程度不取决于台上的表演者,而取决于台下的现场观众"。这句话说得其实不无道理。

企业中的绩效沟通也是一样,当下属表达完毕,领导者要及时予以反馈——肯定已取得的成绩,鼓励下属的积极表现,指出工作中的一些不足,共同商量改进办法。一般而言,出于善意、客观公正、交流充分、建议中肯的反馈(反馈也有很强的专业性),都会激励员工再接再厉、再创佳绩。

(三) 建设性沟通

就一件事情进行沟通是完成任务,但同样是完成任务,不同沟通方式所带来的结果往往有很大不同。举例来说:李经理本来想鼓励员工再接再厉,但由于言辞过于直接和生硬,反而让员工觉得领导是在批评自己。在这里,沟通的任务完成了,但不仅没有达成目标,反而会起到负面的作用。由此可见,沟通绝非简单的搜集或交换信息,而需要高超的沟通技巧,于是建设性沟通的理念便应运而生。

1. 定义及其要点

所谓建设性沟通,是指在不损害相互关系甚至还会改善和巩固人际关系的前提下,为解决特定问题而进行的具有建设性意义的沟通。

在这个定义中,有三个关键词需要把握。

(1) 不损害相互关系。当管理者不满意时,当众批评、辱骂或体罚员工,就损害了相互关系。这样的做法,不仅不利于解决问题,还为今后的工作开展埋下隐患,是管理者无能的一种表现。

高明的管理者总是会相机决策,针对不同的下属、面对不同的问题,采取不同的沟通方式。举例来说:对于历来认真负责的员工所犯的错误,应该是帮助其分析和改进工作,并且要好言安慰;对于工作马虎、粗心大意的员工所犯的错误,应该是用实际例子说明粗心大意可能造成的巨大危害,使其真正体会到细节决定成败的道理,然后再加以热情鼓励。

(2) 解决特定问题。漫无目的的聊天固然可以增进相互了解,但它不解决现实问题。建设性沟通的立论基础,就是要解决特定问题。诸如:工作进度慢,工作质量差,员工缺乏责任心,员工相互之间不配合,内部或外部客户投诉,等等。换句话说,正是因为需要解决这些比较棘手的问题,同时还要兼顾日后工作的更好开展,才需要各级管理者学会建设性沟通,而不是不计后果地批评或辱骂员工。

(3) 具有建设性意义。建设与破坏相对应。"破坏"是指摧毁、损坏,通常会使事物消亡或丧失(部分或全部)功效;而"建设"是指建立、设置,带有促进事物向积极的方向发展的性质。建设性沟通的目的不仅是"不损害相互关系",而是在此基础上促进事物向好的方向发展。

综上所述,不损害相互关系是前提,解决特定问题是目的,而促进事物向好的方向发展,则是建设性沟通的追求。

2. 原则性参考

从一般意义上讲，把握建设性沟通可以从以下几个方面入手：

（1）务求相互尊重。相互尊重是建设性沟通的根本之所在。"君子不食嗟来之食"，管理者以趾高气扬的态度与员工进行沟通，从一开始就丧失了建设性沟通的重要基础。一旦员工形成了抵触心理或防御心理，管理者所有的努力都将付之东流。

（2）学会换位思考。一双鞋子漂亮不漂亮，外人可以看得出来；而鞋子穿着是否舒服，则只有穿它的人才知道。只有学会从对方角度考虑问题，我们才能真正体会到对方的难处。

"未经他人苦，莫劝他人善"，在管理者没有真切体会员工的难处之前，最好不要随意对其表现评头论足或指手画脚，自己处在那样的环境里，未必就能比员工做得更好。

（3）鼓励充分表达。管理者要给予员工表达个人观点的权利，不宜随意打断对方，同时也要注意倾听员工陈述的言外之意。

只有让员工顺畅表达出其内心的感受和想法，并准确理解员工委婉的话外之音，管理者才能把握住问题的两个重要侧面：一是形成问题的外在原因，即"事"（如工作难度太大，或牵扯的因素太多等）、"物"（如设备落后、材料质量差等）、"人"（如有的同事不配合，甚至故意制造障碍）方面的原因；二是形成问题的内在原因，即员工的知识、技能和经验的不足，或个人认知上的偏差。只有把这两方面原因都搞清楚了，管理者才能对症下药，科学施策。

小贴士

委婉与直白

根据文化人类学家霍夫斯泰德的研究结论：西方人说话普遍比较直白，而东方人说话普遍比较委婉。在西方，特别是美国，说话直白有助于信息的顺畅交流和准确把握，因此普遍被认为是一种美德；而在东方国家，过于直白地说话往往被认为是一种"幼稚"和"不成熟"的表现。

对此，你是怎么看的呢？

（4）及时予以反馈。当员工谨小慎微，不敢说明真实情况时，管理者应适当予以引导，打消员工内心的疑虑；当员工敢于表达自己的真实想法时，管理者应及时予以鼓励；当管理者认同员工的观点时，应及时予以适度肯定[①]；当对员工所说的话不是十分理解时，要及时追问，千万不要再形成误解。管理者的上述行为，从本质上说都属

[①] 根据强化理论，被肯定、表扬或奖赏的行为，会倾向于重复发生；而被忽视、制止或批评的行为，人们会倾向于减少发生的频次。

于"反馈"的范畴,它有助于鼓励和引导员工知无不言、言无不尽,也有利于员工缓解乃至消除心中的不满。

(5) 全面系统研判。在很多时候,尽管员工所说的可能是他看到的事实和真实的想法,在更高层面的人看来则未必是真实的。大文豪苏东坡的名句"不识庐山真面目,只缘身在此山中"可谓道出了其中的真谛。

举一个例子:一只青蛙在一口水井里,看到的天不足3尺,吃到的虫子只有苍蝇和蚊子。当它向你反映"天空只有3尺大,世界上的虫子只有蚊子和苍蝇"时,它说的绝对是真心话,但却不是事物的全貌。

1937年"七七事变"标志着我国抗日战争全面爆发。有人根据两国国土面积、自然资源、人口数量、战争的正义性等提出了"速胜论";也有人根据日本侵略者暂时的"节节胜利",提出了"亡国论"。毛泽东同志高瞻远瞩,基于对战争态势的科学分析和综合判断,于1938年5月30日在延安《解放》周刊第40期发表了《抗日游击战争的战略问题》一文,同时又作了《论持久战》的长篇演讲[1]。应该说,"速胜论"和"亡国论"都有所谓的依据,而唯有站在更高层面,才能揭示出中国人民抗日战争发展的客观规律。

身居高位的管理者,一方面要有对员工起码的信任,同时也要结合自己的知识和经验,对形成问题的真实原委做出全面、系统的研判,进而予以科学合理、行之有效的解释和说明。

(6) 把克制当作终身修行。懂得克制自己的情绪,在任何时候都不要把矛盾激化,是管理者需要终身修炼的"内功"之一。

为什么这么说呢?因为偶尔克制自己是人人都能够做到的,而始终克制自己的情绪就不是一件容易的事了。就管理者而言,上面有任务,平级有竞争,下属可能有故意"拆台"的。当处在时间紧、任务重的外在压力下,面对混事的、撒谎的、背后诋毁的、当面说风凉话的各色人等,确保自己不发脾气是一件非常不容易的事。但是,拍桌子、瞪眼睛、大发脾气,在很多时候不仅不能解决实际问题,反而会给后续工作的正常开展埋下隐患。

小贴士

你是几等人?

一等人,有能力没脾气;
二等人,有能力有脾气;
三等人,没能力有脾气。

---

[1] 党史百科:论持久战,https://mp.weixin.qq.com/s?＿＿biz=MzIyNDQ5NzA1OA==&mid=2247525537&idx=7&sn=8d95742a0b5bb782a531f4498af34087&chksm=e80c386cdf7bb17a45617b5bcd006dc2dacaea-39296cb28c05444a30d0719724f87bacb1a807&scene=27。

相传这是李嘉诚劝诫子女的名言，真假与否无从考证，但是其教育意义却是十分明显的。

第三节　绩效辅导

通过绩效监控，我们做到了亲眼所见；通过绩效沟通，我们做到的了亲耳聆听；通过系统研判，我们尽可能把握事情全貌。下一步，就是对能力素质或行为意识方面有不足之处的员工进行辅导。

一、绩效辅导的定义及目的

所谓绩效辅导，是指在绩效管理过程中对员工进行的一种有计划、有目标、有步骤的培训和帮扶活动。从发挥作用的路径来看，绩效辅导的目的包括以下三个方面：

（一）直接目的

直接目的是使员工在知能（知识、技能、工作方法、工作经验等）和意识（工作态度、价值观等）等方面得到改善或提高，最起码要满足工作要求。

（二）间接目的

间接目的是通过员工知能水平和工作态度的改善或提升，提高工作效率、确保工作质量，提升员工的绩效水平。

（三）最终目的

最终目的是在业绩提升中发挥员工潜能，在团队协作中提升组织绩效，通过优质的产品和服务满足社会需求，最终实现员工、企业和社会的多赢。

二、绩效辅导的主要形式

为了实现上述三重目的，管理者的绩效辅导包括但又不限于如下四种形式：

（一）工作指导

针对员工工作技能或工作经验的不足，有目的地予以工作指导。回顾本书第二章的引导案例，在日常工作中，总经理应该抽空就篇幅、用词、格式等工作要求，对小李在文公写作方面进行指导，而不是在年底时才给小李打低分。

（二）规划引导

所谓规划引导，是指管理者就员工在知识、技能、经验和意识等方面不足，与员工共同制订相对系统的学习计划，并以此来引导员工逐步提高自己的综合素养。总体而言，工作指导针对性强，见效快，但一般不成体系，而系统的规划引导可以弥补这方面的不足。

（三）导师辅导

给技能或经验不足的员工安排相应的导师，以师带徒的方式引领和促进员工成长。

（四）言传身教

管理者胸怀伟岸，对工作精益求精，对员工真诚相待，做事情光明磊落，这本身就是对员工的一种无形的培训教育，而且也是最有说服力的"身教"。

小贴士

领导力的五个主要来源

通过系统研究，西方学者辨析出了管理者领导力的五个主要来源。

1. 法定权力（Legitimate Power）。也称"职位权力"，即因为担任管理职务而被赋予的管辖权力，员工不得不服从。

2. 专家性权力（Expert Power）。因为拥有丰富的知识、技能和经验，从而赢得了员工的服从。

3. 参照性权力（Referent Power）。因为人格特质（如开朗）或行为表现（如光明磊落）等受到员工敬佩和尊重，从而赢得了员工的服从。

4. 奖赏性权力（Reward Power）。因为掌握资源，拥有奖赏员工的权力，使员工为了得到资源或奖赏而选择服从。

5. 惩罚性权力（Coercive Power）。也称"强制性权力"，因为拥有惩罚员工的权力，使员工为了避免被惩罚而选择服从。

妥善使用上述五种权力而不是仅仅依靠职权，是当今企业管理者拥有强大领导力的根本途径。

三、绩效辅导的三个基本要求

（一）科学选择辅导内容

本书第一章曾经探讨过绩效有多维性和多因性等特点。所谓多维性，是指绩效包括业绩、能力和态度等多个方面；所谓多因性，是指形成员工绩效低下的原因是多方面的，主要包括知能水平、个性动机、内外环境、机会运气等。在辅导内容的选择上，既要针对员工现有不足，还要规划员工未来的全面发展。可以说，进行高水平绩效辅导的重要前提是科学选择辅导内容。

（二）精心选择辅导形式

针对辅导内容，以言传身教为基础，精心选择和优化组合工作指导、规划引导、导师辅导等绩效辅导形式，力求达到绩效辅导的最佳效果。

（三）因地制宜助力成长

1. 简要分析

对员工的绩效辅导，不应该仅仅局限于使员工顺利完成手头工作，而应该是以立体的、全方位的辅导方式指导和促进员工成长。但是在具体实施过程中，还要结合公司情况（环境）、岗位要求（任务）和员工特点（人员），在三位一体相契合的"公约数"下，努力做到因地制宜和因材施教。

以《三国演义》举例，同样是面对武艺高强、忠心耿耿的三位上将，诸葛亮在派遣任务、说服说教和激励引导方面，却有所不同。面对傲慢自大的关羽，在赤壁之战中用的是"明确绩效目标（拦截并杀死曹操）+指出工作方法（埋伏地点和疑兵之计）+军令状（违令者杀）"的方式；面对脾气火爆的张飞，在葭萌关之战中用的是"明确绩效目标（战胜马超）+激将法（马超武艺高强，只有云长方可与敌——故意小瞧张飞）"的方式；面对谦虚谨慎、言听计从的赵云，在孙刘联姻中用的是"明确绩效目标（过江迎亲）+指出工作方法（三个锦囊妙计）"的方式。虽然《三国演义》所描述的并不完全是历史事实，但其中的很多故事对如何搞好企业管理具有一定的参考价值。

2. 理论升华

上升到理论，员工的工作能力（能不能干）、工作意愿（想不想干）和性格特点（决定了员工以什么态度和方式干），构成了在绩效辅导中"人"的要素；而工作本身和内外环境，构成了在绩效辅导中"物"的要素。高水平的管理者在进行绩效辅导时，总是会针对"人"的要素，结合"物"的要素，科学选择辅导的内容、形式和方法。

小贴士

名家名言

松下电器产业株式会社的创始人、有着日本"经营之神"美誉的松下幸之助，是一位细心、严谨、富有同情心的伟大的商界领袖。

在谈及如何领导员工时，松下曾说过这样的话："当我的员工有100名时，我要站在员工最前面指挥部属；当员工增加到1 000人时，我必须站在员工的中间，恳求员工鼎力相助；当员工达到10 000人时，我只要站在员工后面，心存感激即可。"

在松下先生的这番话中，公司规模和员工数量的变化对其领导风格的影响跃然纸上。

【复习与思考】

1. 作为管理者，在绩效监控中应注意监控哪些主要内容？
2. 作为公司的高层领导，在绩效监控中更关注哪些因素？
3. 请简述沟通的六个基本要素。

4. 请简要回答，把握建设性沟通应该从哪几个方面入手？

5. 请简述绩效沟通的三重目的，并做一定的理论分析。

【案例分析与创新探索】

大师的鞋带

一位非常著名的话剧表演大师正在后台等待上场，此时他心爱的弟子走上前来，低声告诉他鞋带松了，这样走路很容易摔倒。大师点头致谢，然后蹲下身来将鞋带系好。可是等到弟子转身离开后，他又蹲了下来，又迅速将鞋带松开了。

旁边的小剧务看到了这一切，他非常好奇，于是连忙搬了一把椅子让大师坐下休息，然后不解地问："大师您好，我非常喜欢看您的演出，现在我有一个问题，不知道能不能向您请教？"

"可以呀！"大师随口说。

"我的问题是，您刚才为什么又将鞋带松开了呢？"

大师看了一眼这个小剧务，觉得他心很细，好奇心强，而且又非常谦逊。于是就毫无保留地告诉他："我这次要表演的是一个辛劳的旅者。他很长时间没有回家了，这次跋山涉水即将走进家门，身体疲惫不堪，内心又很急迫，因此连鞋带松开了都没有感觉到。表演不仅要在表情和语言上活灵活现，更要注意这些细节上的人物塑造。"

"哦……多谢您的教诲，我明白了。"小剧务感谢之后马上产生了一个新的疑问，于是他再次虔诚地问道："可是刚才您为什么不直接告诉你的弟子呢？这难道不是一个传授表演技巧的好机会吗？"

大师看了看小剧务，然后慈祥地说："他，看到我的鞋带松了，热心地告诉我，我一定要保护他这份热情，及时予以鼓励。至于为什么又将鞋带解开，我想等他看完整场表演后，再一起探讨。细节这个东西，自己观察和感受到的，要比别人告诉你的更有启发意义。"

小剧务听完大师的教诲，连忙致谢，然后转身就要去忙自己的工作。大师突然叫住了他，说："忙完工作后，你也可以过来听听！"

【讨论与创新】

1. 这位表演大师是不是一位好老师？为什么？

2. 请用你在本章学到的有关理论对大师绩效辅导的优点进行归纳总结。

3. 如果你将来晋升到管理层，在绩效监控、绩效沟通与绩效辅导中，你会特别注意运用哪些理论和技巧？为什么？

第五章　绩效考核与结果反馈

绩效考核是对员工的工作行为和工作成果进行验收的重要环节，考核结果是奖惩兑现的根本依据和后续一系列相关人事决策的重要参考，可以说是企业日常管理的重中之重[1]。然而在现实工作中，无论是对于广大员工还是对于管理者来说，绩效考核都是一件令人头疼不已的事情，考核与被考核双方都十分抵触，很多组织的绩效考核逐渐沦为了形式大于内容的"走过场"[2]，从而使精心设计的绩效计划、严密组织的绩效监控和绩效沟通，付之东流。

本章内容有助于大家在认清现实、把握规律的基础上做好统筹安排，进而为绩效管理的完美收官画上点睛之笔。

学习目标

√ 了解绩效考核中需要解决的潜在问题
√ 掌握绩效考核的导向作用
√ 理解绩效考核的主导类型
√ 掌握绩效考核的主体及其选择
√ 理解绩效考核的主要方法及各自的其优缺点
√ 了解绩效反馈的主要流程及核心要点

【引导案例】

没有办法的办法

ZK公司是某"中字头"企业集团的二级单位，同时是国内行业龙头企业，其技术水平和科研成果在国际上也较为领先。

去年年初，ZK公司的上级集团公司印发了新出台的对二级单位及其领导班子成员的绩效考核与薪酬福利管理办法。总体来看，该办法比以前更为科学，将考核结果与领导班子成员个人的薪酬福利和职位升降等紧密挂钩，以业绩为导向的管理意图十分

---

[1] 虽然战略普遍被认为是影响企业长远发展的头等大事，但优秀公司的老总们并非天天忙于制定战略。恰恰相反，他们在日常工作中更加关注的是如何把正确的事情做好，即关注日常工作中的细节。而这一切都是要靠良好的指标体系、严密的过程监督、及时的鼓励奖赏（或扣罚）来实现的。

[2] 如果缺乏严密科学的理念和全面系统的制度体系，将导致企业不敢真抓实干，很多领域的工作会出现"形式大于内容，过程重于结果"的现象。

明显。

一、绩效考核得分与绩效年薪挂钩

（1）绩效考核得分超过100分的，按超出比例核增绩效年薪；

（2）绩效考核得分在80~100分（不含）的，按低于100分的比例核减绩效年薪；

（3）绩效考核得分在70~80分（不含）的，被认定为"考核不合格"，绩效年薪为零。

二、绩效考核得分与职位管理挂钩

除了上述与绩效年薪挂钩的奖惩办法，集团公司还将下级单位领导班子成员的绩效考核得分与职位管理紧密挂钩，主要体现在：

（1）绩效考核得分总分低于70分（不含）的，采取直接约谈、考虑退出等处理方式；

（2）收入、利润、国有资产保值增值率等核心指标得分低于70分（不含）的，原则上予以退出处理；

（3）领导班子成员的退出方式包括：退出本企业，根据有关法律法规要求给予相关补偿后"解除劳动关系"；职位降一级，或直接退出领导岗位。

三、没有办法的办法

加大正反两方面的激励力度，的确可以形成对被考核人员的鞭策，但这也对企业绩效考核体系的科学性和公平性提出了更高要求。ZK公司人力资源部在年末测算领导班子成员的绩效考核成绩时发现：

（1）由于分管领域不同，不同领导班子成员之间的考核指标有着很大差别。有的领导所承担的指标很多，最多的有11个指标，而且大多难以完成；而有的领导所承担的指标较少，最少的只有5个指标，如果不出现意外情况基本都能完成。

（2）有的指标设计了加分机制，而有的指标没有设计加分机制，这导致一些领导再怎么努力也不可能获得超额奖励，工作中产生了一定的得过且过的倾向；而一些领导只要工作不出差错，就能获得加分。

由于上级新印发文件的绩效奖惩和职位管理的力度空前，如果按照现行办法对公司领导班子成员进行严格考核，势必会出现显著的不公平现象，根据这样的考核结果兑现绩效奖惩和职位管理措施，也势必会引起部分领导班子成员的不满，甚至会向集团公司投诉。

ZK公司的人力资源部长左右为难，一时也拿不出更好的解决办法，只好将实际情况向公司董事长（直接分管人力资源部）反映。董事长经过慎重考虑，并与公司其他领导进行充分沟通之后，做出了这样的决定：今年的绩效考核，大家的业绩得分都算满分；每个人的实际考核得分，以其民主测评得分进行排序。

虽然这样的决定未必十分科学，但也是当前情况下能够拿得出手的"没有办法的办法"。

思考：

1. 在本案例中，该集团公司对二级单位领导班子成员的奖惩办法是否合理？
2. 你认为，ZK公司应该怎样改进绩效考核办法？

第一节　绩效考核概述

绩效考核（Performance Appraisal），是指对照工作目标或绩效标准以及员工与其上级共同约定的计分办法，评估员工在一定期间内的工作任务完成情况、工作职责履行程度以及其他方面工作表现的过程。绩效考核是企业日常管理中最为重要的工作之一，但由于一些管理者和员工对其抱有抵触心理，因此也是一项颇令人头疼的工作。

一、绩效考核中需要解决的潜在问题

（一）被考核者的焦虑

1. 担心被批评、被处罚

现代企业的绩效考核往往与员工的绩效薪资直接挂钩，很多员工知道自己是拿不到满分的。而一旦被扣减考核得分，实际上就意味着绩效薪资的扣减，甚至还要被领导当众批评，因此普遍存在不同程度的抵触心理。

2. 担心自己的弱点或缺点暴露

员工的某项工作没有完成好，其中很重要的一个原因就是知识或能力素质上的欠缺。被扣减绩效薪资本来就令人很难接受了，如果再让大家都知道自己知识或能力素质上的欠缺，员工往往会觉得在同事面前很没面子。这一点通常比扣减绩效薪资更令人难堪。

小贴士

"面子"——东方管理中不可忽视的重要因素

在中国、日本、韩国等东方国家，"面子"是一个非常重要的管理要素，甚至是金钱和实物所不能取代的。

欧美人对此很是不解。欧美人普遍信奉个人主义，往往只关注当下，只关注个人得失，一般不会把所有事情都放在一起考虑。对于他们来说，"面子"不"面子"的根本无所谓，只要自己感觉不错就好。而中日韩等国普遍奉行集体主义，习惯于相互攀比，非常在意他人的看法，也常常将过去、现在和将来的事情通盘考虑。当某人在众人面前丢了"面子"，就会很长时间"抬不起头来"。

一些人甚至因为丢了"面子"而羞愤自杀，而有的人则会因为丢了"面子"而伺机报复。比如，《三国演义》中，张达和范强因羞愤而夜杀张飞；明代的吴三桂"冲冠一怒为红颜"。这两个例子虽然存在演绎的成分，但其反映的现象是来自现实生活的。古往今来数不胜数的事例，都为"面子"对于东方人的重要性提供了有力佐证，同时也对当今企业的管理者们提出了重要警示。

（二）考核者的焦虑

1. 认为绩效考核太牵扯时间和精力

很多管理者平时能够很好地指导和规范员工，大家的工作氛围很好，因此认为绩效管理意义不大[①]。此外，不少企业的绩效考核流程长、考核工作量大、数据搜集和计算繁琐，考核结果无法保证公平公正，而且奖惩力度也不大，因此不少人认为企业组织的绩效考核是在无谓地浪费大家的时间和精力。

2. 担心与员工发生直接冲突

严格的绩效考核势必会拉开员工之间的差距，本来大家在一起工作总体上还是比较和谐的，但是到了期末考核却要分出"三六九等"。得分低的员工难免会产生不良情绪，有的甚至会向人力资源部或公司领导投诉，导致本来还算和谐的工作氛围遭到破坏。本章引导案例中的ZK公司，正是因为在绩效考核中面临这样的困境，最后不得已采取了折中的办法。

3. 不善于与员工进行绩效沟通和绩效反馈

有的管理者在业务工作上得心应手、轻车熟路，但是在人际关系处理上却存在明显的"短板"[②]。在绩效考核时，难免要频繁与员工沟通反馈，一句话说不好就有可能加重员工的误解和负面情绪，有的管理者因此对其避之唯恐不及。

综合上述因素，我们发现：绩效考核不仅是对员工的考核，同时也是对管理者领导能力和管理能力的考验，搞不好会导致员工、管理者和公司人际氛围的"三败俱伤"。

（三）改进对策探讨

由于考核者和被考核者在绩效考核时都面临一定程度的焦虑，作为专业的HR，我们应该做些什么呢？希望读者学完本章内容之后能够给出自己的答案。

大家可以从改进绩效考核办法、加强对绩效管理体系的宣传、加强对管理者的培训，以及加强对广大员工的说服教育等方面展开——结合理论研究、优秀企业的实战案例以及读者个人的创新性思维，提出既有理论基础，又有较强针对性，并且操作起来简便实用的对策建议。

二、绩效考核中需要关注的导向作用

好的绩效考核，不仅仅是在绩效期间结束时评估员工的工作业绩及综合表现，更为重要的是，它还能发挥一些较为明显的导向作用，从而助力企业的健康运行。

（一）考核主体引导员工服务内部客户

谁来考核，员工就会在平时的工作中注意做好对谁的协调配合工作，因此，事先

[①] 反之，领导力相对较弱的管理者，面对不服管、不听话、我行我素的员工毫无办法，希望借助绩效考核来树立自己的领导权威。有个别心术不正的管理者，甚至借机拉帮结伙，打击异己，人为制造"办公室政治"。

[②] 很多理工科出身的专业技术型干部经常处于这种困境之中。他们逻辑思维能力强，在具体业务上能够攻坚克难，但是在处理复杂而又敏感的人际关系时，往往感觉无从下手。这就给企业培训提出了更高要求——在晋升之前和晋升之后，要对这些专业技术人才进行专门的管理培训，以及长期、系统的领导力开发。

有针对性地明确考核主体（多重考核主体及其选择，参见本章第三节），有助于引导员工做好对这些部门和人员在工作上的支持与配合，以更好地服务于公司内部客户，提高企业内部工作流程的运转效率和质量。

（二）考核周期引导员工关注工作进度

将重要工作事先按照关键的时间节点确定考核周期，有助于引导员工按照领导预期的进度完成工作，进而确保各主要工作流程的相互配套与衔接，达到运筹帷幄、决胜千里的管理境界。

举例来说：某公司将编制未来发展的五年规划列入了今年的重点工作。但我们不能等到年末才去对负责这项工作的企发部（我国香港和台湾等地区称为"企划部"）进行考核评估，因为如果不能按时完成，就会严重影响公司的未来发展。我们可以将其分解为阶段性工作，比如：一季度要完成什么，二季度要完成什么，三季度要完成什么，最终在四季度要达到什么验收标准。这样一来，我们就可以按照预定进度对工作进行分阶段验收，以确保编制未来发展的五年规划这项重点工作稳步推进。

（三）考核指标引导员工关注工作方向

无论在国内还是国外，现实工作中的一个普遍现象是：领导考核什么，员工就关注什么。因此，将重要、不能出现纰漏的事项纳入考核，有助于引导员工关注主要的工作方向，进而实现"提纲挈领"和"以点带面"的管理效果。

比如：某企业原材料浪费现象比较严重，这无疑加大了企业产成品的生产成本，降低了企业的市场竞争力、营业收入和利润率。对此，企业就可以考虑增设"原材料产出率"的考核指标。计算公式如下：

$$原材料产出率 = （产成品数量 \div 原材料数量）\times 100\%$$

这样一来，相关部门及其员工为了拿高分、多挣奖金，就会想尽办法控制原材料的浪费现象。如果奖励力度够大，还可以促使员工谋求技术和工艺创新，进而促进企业的高质量发展。从这个角度看，企业光喊口号是没有用的，必须要把一些高大上的口号，变成绩效管理中的验收标准和科学系统的奖惩措施。

（四）考核标准引导员工不断提高工作目标

在充分竞争的市场环境中，原地踏步是没有出路的，企业应当有计划、有步骤、循序渐进地提高考核评估标准，促使员工不断提高工作目标、创造更好业绩。

举例来说：某公司产品的"良品率"前年和去年分别为90%和92%，那我们就可以考虑将今年的绩效目标设定为95%左右——具体数值还要和生产部、技术部、质检部等多部门充分沟通，详细研讨目标的可行性和挑战性，以及实现这一目标所需开发的行动方案，并向公司决策层争取必要的资源（设备、资金、人才）。

第二节　绩效考核的主导类型

经过改革开放以来40多年的高速发展，我国企业发展演化出了多姿多彩的管理生态,但无论企业对员工的考核评估方式如何演变,我们总能够从其具体细节出发,归纳总结出不同类型的主导思想。准确理解和科学把握这些主导思想,可以使我们对绩效管理的认识达到一个更高的境界。

一、按照考核内容划分

(一)类型划分

从考核评估的内容来看,我们可以将企业的绩效考核划分为三种典型类型。

1. 品质主导型

品质主导型主要考察员工在工作中所表现出的人品素养,包括忠诚度、包容性、责任心、积极性、可信度、抗压性等。

在强调"德能兼备,以德为先"用人理念的中国,品质主导型一般在政府部门、事业单位和部分国有企业里比较常见。这也可以理解——掌握国家赋予的权力或国有资产的人,必须要在人品上过硬,要把国家和集体的利益放在首位。

2. 行为主导型

行为主导型主要考察员工在工作中的行为表现,包括服从领导,团结同事,顾全大局,精益求精,不断超越,公道正派等。

从某种角度上说,品质主导型和行为主导型有着很强的相关性。这是因为,国人在判断一个人的品德时通常采用"听其言、观其行"的甄别方式。这是有一定心理学基础的。因为人们的内在品质(如"责任心"),往往会体现在其外在行动上(比如反复检查、论证自己的工作方案,以确保万无一失)。反过来讲,人们通过对其行为的判断,也可以间接了解其内在品质。

但是,行为主导型和品质主导型的绩效考核方式也有显著的差别,主要体现在:品质主导型主要考察评估的是个人的品行修养,而行为主导型主要考察评估的是人们对待领导、对待同事、对待工作和对待客户等方面的行为表现。前者更侧重于个人的内在特点,后者更侧重于相互关系及其外在表现。

3. 结果主导型

结果主导型主要考察员工的工作成果,包括:完成了什么任务,实现了什么目标,达成了什么结果等。

结果主导型往往在广大民营企业或市场竞争激烈的行业等领域比较常见。这也可以理解:民营企业主要关注的是盈利[①],竞争激烈、生死攸关,因此其对结果更为关注。换个角度思考,如果一位员工兢兢业业、尽职尽责,但是连基本的工作也做不好,给企业创造的价值还不如每月的工资高,这样的员工又有何用?

上述三种主导类型归纳汇总如表 5-1 所示。

---

① 从理论上讲,只要不触犯法律法规、不违反社会公德,企业靠什么赚钱都无可厚非。

表 5-1 绩效考核的三种主导类型

序号	绩效考核的类型	典型特征	备注
1	品质主导型	主要考察员工在工作中所表现出的人品素养,包括忠诚度、包容性、责任心、积极性、可信度、抗压性等	内在特点
2	行为主导型	主要考察员工在工作中的行为表现,包括:服从领导,团结同事,顾全大局,精益求精,不断超越,公道正派,等等	外在表现
3	结果主导型	主要考察员工的工作成果,包括:完成了什么任务,实现了什么目标,达成了什么结果,等等	价值贡献

需要说明的是,表 5-1 所列的三种主导类型在企业中都有不同程度的存在,只是重视的程度有所不同而已。举例来说:政府部门用人虽然非常看重人品与德行,但是在绩效考核时也强调是否完成了既定任务;广大民营企业虽然十分关注工作结果,但是也在逐渐提升对服从领导、团结同事等行为表现的重视程度。

(二)适用性分析

作为对员工进行日常管理的重要工具,绩效考核在很大程度上体现了企业决策者的管理意志。同时,由于绩效管理往往会受市场环境、企业情境和岗位特点等因素的直接影响,不同类型的考核模式也有着不同的适用性(见表 5-2)。

表 5-2 不同考核类型的适用性分析

竞争激烈程度		一般	中等	激烈
企业发展状况		利润丰厚/发展良好	中等	较差/危机重重
岗位工作的可量化程度	较低	品质和行为考核为主 兼顾工作结果	品质、行为和结果考核 保持大体均衡	主要关注结果 适度兼顾品质和行为
	中等	加大结果考核权重 适度兼顾品质和行为	强调结果导向 兼顾品质和行为	加大结果考核权重 品质和行为权重较小
	较高	结果主导 兼顾品质和行为	加大结果权重 不忽视品质和行为	结果主导型
管理追求		巩固良好态势 把握发展趋势 谋求更好发展	充分发挥优势 补齐发展短板 积极谋求突破	矢志变革创新 谋求更好出路 力求尽快见效

1. 工作可量化程度较低的岗位

工作可量化程度较低的岗位主要包括:管理层级较低的职能性、事务性和党群类工作岗位,诸如:办公室一般文员,党群部门的一般干事等。此类岗位的日常工作琐碎、繁杂,忙忙碌碌一整年,到年底总结时又会发现:自己每天都在忙,但一年到头似乎没有什么能够拿得出手的工作业绩。

2. 工作可量化程度中等的岗位

工作可量化程度中等的岗位主要包括:大多数中层管理人员,大多数职能部门的基层管理人员，部分专业技术人员。此类岗位的日常工作，既有一些可量化的工作，比如：分解落实到本部门的重点工作，本部门承担的定量指标等；也有一些不可量化的工作，比如：日常工作中的计划、组织、指挥、协调、控制等管理职能。对于专业技术人员来说，既有研发任务完成的及时性、差错率和价值创造（如收入增加、成本降低等）等定量指标，也有一些不可量化的（如爱岗敬业、钻研业务、精益求精等）相对抽象的定性指标。

3. 工作可量化程度较高的岗位

工作可量化程度较高的岗位主要包括：大多数高层领导，以及采购、生产、销售、物流等与企业生产经营基本活动直接相关的部门、单位或岗位。

公司的收入、利润、原有市场巩固、新市场开拓、安全管理（财务安全、生产安全、交通安全、治安保卫）等，是公司领导不可推卸的责任，因此其定量指标相对较多。与企业生产经营基本活动直接相关的部门、单位或岗位，可以用产品合格率、破损率、原材料产出率、单位产品能耗、成本控制、及时性等来衡量工作过程和工作成果，其工作的可量化程度较高。

需要说明的是，上述适用性的分析只是原则性的，大家在具体应用时还需要结合本企业的具体情况，创造性地加以选择和使用。

二、按照个体与群体的相互关系划分

（一）类型划分

按照所强调的个体与群体的相互关系划分，我们可以将绩效考核划分为两个类别。

1. 强调个人主义

此类绩效考核所设计的指标大多为个人目标、个人行为和个人贡献。员工的绩效奖励或其他利益分配，也都普遍以个人绩效考核得分为主。这样的绩效考核和奖励兑现方式，强调员工对自己的行为负责，对自己的工作结果负责，只要完成任务、实现目标，就可以获得相应的物质奖励和精神鼓励。

用通俗的话来说，这样的制度安排更多的强调了员工的"站位意识"——做好本职工作、圆满完成任务、实现预定目标，是企业健康发展的重要基础。

2. 强调集体主义

将员工个人的绩效考核得分与奖励分配，与其所在部门的"部门得分"和"部门奖金包"直接挂钩，从而形成了员工个人与其所在集体"一荣俱荣，一损俱损"的利益契合机制。这样的绩效考核和奖励兑现方式，既强调员工对自己的行为和结果负责，也强调各部门员工团结一致、同舟共济。

用通俗的话来说，这样的制度安排更多强调员工的"站位意识"，也同时强调员工的"补位意识"——当同事工作有纰漏或工作忙不过来时，要能主动提供帮助、弥补失误。

（二）适用性分析

总体而言，强调个人主义和强调集体主义各有各的优势与不足，也有着不同的适用性。我们需要重点考虑的主要是岗位的工作特点。

一般而言,强调个人主义的绩效考核模式主要适用于岗位工作相对独立,从业人员一般能够独立完成任务、实现目标的岗位,诸如推销员、律师、教师、医生、画家等。

而强调集体主义的绩效考核模式主要适用于岗位工作纷繁复杂,经常需要相互协调、支持与配合的岗位,诸如:大多数办公室文员,生产班组成员;问题处理小组,技术开发或工艺改进小组;各级管理人员,公司领导层成员等。

第三节 绩效考核的评价主体

在企业绩效考核中,有些指标是能够直接计算出考核得分的(如收入、成本、利润等指标),直接可以通过财务核算计算出来;而有些指标则需要由人来进行主观评价(如主动性、创新性、团队意识等)。我们在选择评价主体时,要有系统、深入和审慎的考虑。

一、不同的评价主体及其优缺点分析

（一）直接上级评价

无论是东方国家还是西方国家,由员工的直接上级对其工作表现和工作成果做出评价,都是比较常见的评价方式。相比较而言,直接上级评价员工的工作绩效具有三个明显的特点:

1. 有利于做出客观评价

直接上级熟悉下属的工作情况,即对工作"知情"。比如:L女士手下有17名员工,比较所属员工不同的表现之后,做出评价结论,有助于实现横向公平,员工绩效评价相对客观。

2. 有利于做出正确评价

直接上级一般是从基层干上来的,熟悉下属的工作内容,对其工作成果的好坏能够予以准确评价,即对工作"知事",就有对员工绩效做出正确评价的管理基础。

3. 有利于实现一定的管理和开发目的

直接上级对下属的工作进行评价,有利于树立其职场权威(法定性权力);通过加分和减分(奖赏性权力和惩罚性权力)来鞭策员工不断提升和约束自己,也有利于工作改进和绩效提升。如果一位管理者既不能影响员工的绩效考核得分,也不能决定员工的薪资收入和职位升降,那么其领导力就会大打折扣。

当然,如果在员工的绩效考核中主要采用直接上级打分的方式,有可能导致管理者形成"独裁"倾向,进而诱使员工对上级"唯唯诺诺""溜须拍马"甚至是"贿赂收买"等不良现象。

（二）平级的同事评价

同事们经常以一种不同于上司且更为现实的眼光来看待员工的工作绩效:出于岗

位责任的需要，上级通常更关注员工的工作业绩，而同事们则更关注大家是否相处愉快、合作是否默契。而且，由于大家朝夕相处，同事们也能看到员工在日常工作中相对真实的一面，可以作为直接上级评价的重要补充。但是，同事评价也存在一些明显的不足：

（1）由于平级的同事之间往往存在竞争关系，同事评价可能会存在"贬低别人、抬高自己"的倾向。

（2）有的员工比较善于"拉帮结派"，绩效评价时可能出现团伙内部"相互标榜"，联合起来"排斥异己"等不正常现象。

（3）此外，同学、老乡、玩伴、亲属关系等人际关系，也会对同事之间绩效评价的客观性产生不可忽视的影响（即使没有"相互串通或串谋"）。

（三）下级评价

一般而言，由下级员工对自己的上级进行绩效评价具有如下优点：

（1）促进管理者采取更为民主、更平易近人的方式管理员工。

（2）促进管理者对所有下属一视同仁，适度避免"拉山头""树立亲信"等不良现象，从而有助于形成"亲贤能、远小人"的良好工作氛围。

（3）评价结果可以使组织的高层管理人员了解中基层管理者的管理风格和领导能力，或找出组织管理中潜在的各种问题，从而有针对性地加以改进。

当然，如果下级评价在管理者的绩效考核得分中的权重过大，则有可能导致管理者在工作中放不开手脚——对表现优秀的人不敢重奖（怕引发嫉妒和攀比），对表现不好的人也不敢批评处罚（怕将来给自己打低分），从而人为拉低企业的管理效能。

小贴士

盖洛普 Q12 调查

盖洛普咨询公司认为：只有认同公司文化氛围，获得了必备的工作条件，有机会施展才华、取得成就，并且能够持续成长进步，员工们才能在企业中找到快乐和归属感。为此，盖洛普公司开发并持续完善了包含12个条目的员工敬业度调查（Q12）问卷。Q12调查的根本逻辑是：通过广大员工的匿名打分来发现影响员工敬业度的问题之所在，进而提出具有针对性的改进建议。

总体上看，员工敬业度排名在前50%的企业，与排名在后50%的企业相比具有以下显著优势：①客户服务质量提高86%；②员工保留率提高70%；③劳动生产率提高70%；④利润率提高44%；⑤安全性提高78%。

科学利用中基层员工打分的重要价值，由此可见一斑。

（四）自我评价

一般而言，由员工对自己的工作表现进行评价有三个主要优点：

(1) 可以促进员工对本人工作进行总结、归纳和反思。

(2) 可以给员工一个表达个人观点的机会。

(3) 通过将员工自我评价和他人评价结果的比较分析，可以发现员工自我认知上的一些偏差。举例来说：张三在"团结同事"这一评价指标上给自己打了 95 分（满分为 100 分），但其他人给其打分的平均分是 68 分。那非常有可能的是：张三在"团结同事"指标上表现较差，而他自己却没有充分认识到。

当然，员工自我评价也存在一些明显的不足之处，体现在：大多数人给自己打出的分数要高于实际情况，而有些比较自卑的员工则可能给自己打出低于实际情况的分数。这就需要管理者具体情况具体分析，并采取相应的改进和安抚措施。

小贴士

现实生活中的"三个我"

在现实生活中，每个人都需要处理好"三个我"之间的关系。

第一个"我"，是客观存在的我——你实际上是个什么人，那客观存在的你就是个什么样的人。

第二个"我"，是自己认为的我——你自己认为自己是个什么样的人。由于认知上的偏差，自己认为的我，其实跟客观存在的我是有一定差距的。一般而言，乐观自信的人，往往自我认知高于客观现实；悲观失望的人，往往自我认知低于客观现实。

第三个"我"，是他人眼中的我——别人认为你是个什么样的人。一般而言，这第三个我和上述两个我是有很大差距的。差距形成的原因，主要是思维模式、价值标准和信息完备度上的差异。

如果上述三个"我"差异较大，那人们就会生活在误解、矛盾乃至痛苦之中（比如：自己本来是对他人善意的提醒，却被别人误解为"吹毛求疵"）；而如果上述三个"我"差异较小，那人们就会得到更多的相互理解与尊重。由此可见，坦诚相待、合理沟通、不断反思、持续进步，也是人们追求幸福与快乐的重要途径。

（五）外部客户评价

为了了解那些只有特定外部成员才能够感知到的绩效情况（如本公司销售人员的外在形象、敬业精神、服务态度、专业水平以及需要改进的地方），一些公司会定期邀请外部客户对本公司商务谈判、采购、销售等领域人员的绩效进行评价。客户评价有以下三个主要优点：

（1）由于客户对员工在公司之外的表现有切身感受，因此有利于做出客观评价。

（2）基于客户评价所实施的奖惩，有助于激励员工服务好公司客户，持续提高公司品牌形象，巩固和提升公司销量。

（3）在系统分析的基础上，针对客户评价中的短板，公司可以有针对性地持续加以改进。从管理角度看，客户评价的这一优点对公司的长期健康发展意义重大。

但客户评价也并非十全十美，它在实际工作中也存在一些现实问题，诸如：有的客户嫌麻烦，不愿意参与评价，或在填写调查问卷时非常随意；有的客户与个别销售人员有着深厚的私人关系，在评价时难以做到公平公正等。

二、绩效评价主体的科学选择

由于不同的评价主体均有各自的优点和不足，因此我们在实际工作中应加以科学选择。如无特殊情况，在选择时应遵循以下三个要点：

（一）评估者必须"知事"

这里所说的"知事"，主要指评估者对所评估的事项和内容必须有很深的了解。比如：要评估一份市场分析报告的数据是否准确、内容是否全面、建议是否可行、是否具有重要参考价值（可以统称为"分析报告的质量高低"），外行不仅不能做出客观判断，而且其评价打分甚至还会形成干扰，从而导致评价结果失真。

（二）评估者必须"知情"

这里所说的"知情"，主要指评估者必须对工作的内外环境和事情的来龙去脉有着较为深入的了解。

比如：面对一份字数不多、所附表格和PPT并不精美的市场分析报告，一般人就倾向于"打低分"。但是，如果你了解到该公司长期处于半死不活的状态，几乎所有的员工都在做表面文章上高度"内卷"，新任董事长制订了"把握市场需求、谋求技术创新、整合优势资源、实现快速突围、重返行业龙头"的战略计划，员工经过长期思索和大胆畅想终于提出了一个有见地的变革计划，你不仅不会给这份报告打低分，反而会将之视为无价瑰宝。

（三）有助于实现特定的管理目的

笼统地说，创办和经营企业的目的就是要赚取合法的利益。但是企业在不同的阶段会有不同的工作重点，也会面临不同的管理问题。

一般而言，初创企业成功的关键在做好产品（服务），打开市场，尽快实现盈利，否则就很容易"夭折"；当企业处于快速成长期，企业资产规模、人员数量、市场占有率迅速扩大，管理复杂程度以几何级数增长，此时就需要适时加强内部管理，对各方面工作建章建制，以谋求企业管理的科学化、规范化和系统化；当企业处于成熟期，企业规模庞大，收入和利润增长缓慢，员工工作激情消退，各部门的形式主义和官僚主义滋生，工作流程繁琐，工作效率降低。此时的工作重点就是克服官僚主义，寻求新的突破。

在绩效评价主体的选择上，我们要针对企业不同阶段的不同特点以及所面临的特殊问题，本着巩固优势、弥补短板、立足现在、面向将来的宗旨，有针对性地选择不同的评价主体。比如：为了提高公司形象，可以适当组织外部客户打分；为了加强各部门的团结协作，可以组织联系密切的部门相互打分；为了促进员工服从领导安排、提高工作效率，可以由直接上级打分等。概括起来说，想要突出哪方面工作，就要加强该工作的考核权重；想要突出谁的作用，就要提升其打分的权力和比重。

部分外资企业对员工的绩效评价采用了"360度评价法"（或称"360度考核"，即所有评价主体都参与绩效考核打分）。这有助于从多角度看问题，但由于参评人员众多（有的人在打分时甚至"目的不纯"），会导致绩效考核时间长、统计核算繁琐、考核结果也不一定客观。一般而言，"360度评价法"在国内更适用于对管理者工作作风的考察，以及对即将晋升人员的民意调查，而不太适合于日常工作中的绩效考核。

第四节　绩效考核的常见方法

本书第二章和第三章已经对常见的绩效考核方法进行了详细探讨，本章对绩效考核方法的再次介绍，可以说是对前面内容的归纳总结和补充完善。

一、常见考核方法简介

（一）相对评价法

相对评价法主要包括排序法（直接排序或交叉排序）、配对比较法和强制分布法。

1. 排序法

排序法操作简单，主要适用于管理松散的小型公司或某一部门内部的绩效考核，也可用于大公司的人员选拔。

（1）直接排序。选定一个评估要素（如工作积极性），对需要排序的人员从高到低进行排序（见表5-3）。

表5-3　直接排序法示例

排序结果	等级	员工姓名
1	最好	王××
2	较好	钱××
3	一般	赵××
4	较差	张××
5	最差	李××

（2）交叉排序。选定一个评估要素（如工作积极性），选择一个最好的，同时选择一个最差的；再从剩余人员中选择一个最好的，同时选择一个最差的；以此类推。

交叉排序的主要逻辑基础是：虽然对所有人员进行直接排序比较困难，但是从一堆人里面选择一个最好的和一个最差的，其实还是比较容易的（见表5-4）。

表 5-4 交叉排序法示例

排序步骤	排序结果	等级	员工姓名
1	1	最好	王××
2	2	较好	钱××
3	3	一般	赵××
2	4	较差	张××
1	5	最差	李××

2．配对比较法

配对比较法也称"相互比较法"或"两两比较法"，对需要评估的对象，按照一定的评估要素（如专业能力）进行两两比较，同时将比较结果记录下来（如果某员工胜出，就记为"1"；如果落后，就记为"0"），最后再计算每个人的最终得分，并以最终得分进行排序（见表5-5）。

表 5-5 配对比较法示例

	赵	钱	孙	李	王
赵	—	1	1	0	0
钱	0	—	0	0	0
孙	0	1	—	0	0
李	1	1	1	—	0
王	1	1	1	1	—
小计	2	4	3	1	0
最终排名	3	1	2	4	5

3．强制分布法

顾名思义，强制分布法是按照一定的比例分布关系，对被评估者的最终得分进行强制分配，以修正评估标准过于宽松或过于严苛带来的难以横向对比的问题，确保评估结果的相对公平。

举例来说：A部门经理打分比较宽松，其部门内部员工的得分大都在90分以上；而B部门经理打分标准则比较严苛，其部门内部员工的得分大都在85分以下。如果直接将两个部门的员工按照得分高低排序，则对于B部门的员工显然是不公平的，因此需要强制分布。

一般而言，强制分布法通常作为绩效考核结果的处理，而不作为单独的绩效考核方法使用（见表5-6）。

表 5-6 强制分布法示例

序号	考核等级	所占比例	得分转化
1	优秀	10%	100
2	良好	20%	85
3	中等	40%	75
4	合格	25%	60
5	较差	5%	30

需要说明的是：按照一般意义上的强制分布法，各等级人员所占的比例应该是呈正态分布的，即中间大、两头小，且高低分比例对称。表 5-6 所示的高低分比例并不完全对称，主要考虑的是保护员工的工作积极性，避免因绩效考核而打击一大片。表 5-6 中的"得分转化"是指不论各部门员工的实际得分高低，只要其排序在某一个档级（如良好），其最终的实际得分就按对应档级的"得分转化"计算（如 85 分）。

（二）绝对评价法

绝对评价法主要包括目标管理法（MBO）、关键绩效指标法（KPI）、档级评定法、平衡计分卡（BSC）等方法。由于前面对关键绩效指标、平衡计分卡有所涉及，此处只讨论目标管理法和档级评定法。

1. 目标管理法

所谓目标管理法，就是通过将企业目标层层分解到部门和员工身上，然后再根据部门和员工的实际完成情况进行评估的绩效考核方法。本书第二章和第三章所探讨的考核方法，大多为基于目标管理的关键指标法。

目标管理的基本思想源自管理大师彼得·德鲁克 1954 年出版的《管理的实践》一书。自 20 世纪 60 年代以来，目标管理法被世界各主要发达国家的企业所广泛使用。它评估的主要对象为工作业绩而非员工的行为，可以引导员工把注意力集中在实现最终目标而非工作过程上，对我国早些时候过于强调"奉献"和"服从"（工作态度、工作过程）的做法有一定的矫正作用。同时，由于关注目标，员工会有持续提高效率（干同样的活，尽量少花些时间和精力）的动力，在工作过程中也相对拥有更多的自由，因此有助于培育"享受工作、快乐生活"的公司文化。

2. 档级评定法

档级评定法的操作办法：事先给出评价要素不同档级的定义和描述，然后以档级描述的情况给员工的表现进行打分（或评定档级），员工各项得分的累计即为总的评价（见表 5-7）。

表 5-7 档级评定法示例

品格要素	杰出（100 分）	良好（85 分）	合格（70 分）	较差（50 分）
创新	持续改进工作，不怕失败，勇于创新，工作高效	对不合理现象及时提出意见并改进，效果明显	能够落实别人所提出的改进建议	工作方法单一，效率低下

续表

品格要素	杰出（100分）	良好（85分）	合格（70分）	较差（50分）
公正	做事一视同仁，不徇私情，处理事情对事不对人，一碗水端平	客观对待存在的问题，能够做到一视同仁	处理事情基本恰当，未造成不良影响	处理事情受主观因素、人情因素影响，造成不良后果
果断	思路清晰，判断准确，问题处理及时、恰当、正确	判断准确，能够及时处理问题	能够处理明显问题	做事拖拉，拖泥带水
尽职	能圆满完成本职工作，并能以身作则，鼓舞士气，严格执行纪律，完成艰巨任务	能较好地完成本职工作任务，也能执行纪律，鼓舞他人	维护纪律，领导他人完成日常工作任务	有破坏纪律的情况，任务完成情况较差

资料来源：周施恩．人力资源管理高级教程［M］．2版．北京：清华大学出版社，2022．

（1）档级评定法的优点：操作简单，可以对员工的行为、能力等定性指标进行较为细化的评价。

（2）档级评价法的不足：由于不够量化，评价时可能敷衍了事；主管人员倾向于为自己的下属打高分，进而难以区分优劣；如果评价标准抽象、模糊，就有可能在评价时产生争议。

（三）描述法

绩效评估中的描述法，主要是对员工的工作过程或结果予以重点描述，从而对一些定性指标（如工作主动性、创新性等）进行客观评价的方法。目前较为常见的描述性绩效考核方法主要是关键事件法。

其操作步骤为：上级对下级的工作过程进行动态跟踪；发现其中特别好的或特别不好的关键事件；将这些事件按照情境（Situation）、任务（Task）、行动（Action）、结果（Result）进行记录（即所谓STAR模型）；最后，在绩效评估时将这些记录呈现出来，用于对员工某些指标的评估和打分。

二、常见考核方法的主要特点及使用说明

本书第二章、第三章及本章介绍的常见绩效考核方法及其使用说明，归纳总结如表5-8所示。

表5-8 常见的绩效考核方法及其使用说明

考核方法	方法细分	主要特点	使用说明
相对评价法	排序法（直接排序、交叉排序）	以行为或能力评价为主；常为定性评价，间或辅以定量评价	较适用于中小公司或大公司人员选拔

续表

考核方法	方法细分	主要特点	使用说明
相对评价法	配对比较法（Paired Comparison）	以行为或能力评价为主；常为定性评价，间或辅以定量评价	较适用于人员选拔
	强制分布法（Forced Distribution）	可修正评估标准过于宽松或过于严苛带来的不公平	主要用于评估结果处理
绝对评价法	目标管理法（MBO）	以结果评价为主；常为定量评价，可辅以定性评价	可分解战略或战术目标
	关键绩效指标法（KPI）	以结果评价为主；常为定量评价，可辅以定性评价	可聚焦重要结果或工作节点
	等级评定法（优、良、合格、不合格）	细化定性指标；可用于行为、能力、结果等综合评价	须配套档级评定表
	平衡计分卡（BSC）	综合运用定性与定量方法，可对行为、能力、结果等综合评价	可视为战略管理的工具
描述法	关键事件法（Critical Incident）	常为定性评价，也可用于定量评价	一般不单独使用；常用于补充性说明

资料来源：周施恩. 人力资源管理导论［M］. 2版. 北京：首都经济贸易大学出版社，2023.

第五节 绩效反馈

所谓绩效反馈（Performance Feedback），就是管理者将绩效考核结果反馈给员工并取得员工对考核结果认同的过程。一般而言，完整的绩效反馈内容应包括员工的绩效考核得分，员工的优势和不足，以及下一步应该着力加强和改进之处。绩效反馈的方式，可以是口头告知，也可以是电子邮件或书面反馈。

为了体现对员工的尊重，同时也是为了确保绩效管理工作"抓铁留痕"，为日后可能出现的法律纠纷提供客观证据，我们建议以"当面沟通+书面记录+双方签字"的综合方式进行绩效反馈。

一、绩效反馈为什么重要

对于员工个人优势、不足与工作绩效之高低，员工本人及其上司往往有着不同的认知，如图5-1所示。

（1）区域Ⅰ：员工自己不知道，但其上司知道。该区域为员工自己的"盲点"（Development Areas），经过适当沟通，可以成为员工着力发展的重点领域。

（2）区域Ⅱ：员工自己知道，其上司也知道。该区域为一目了然的"原野"（Recognized Strengths）。扩大这一区域，有助于增进相互了解，减少误解，达成共识，愉快相处。

		员工对自己的认识	
		自己知道	自己不知道
上司对员工的认识	上司知道	原野地带 （区域Ⅱ） Recognized Strengths	自己的盲点 （区域Ⅰ） Development Areas
	上司不知道	保护地带 （区域Ⅲ） Hidden Strengths	黑暗地带 （区域Ⅳ） Blind Spot: Potential? or Threats?

图 5-1　上司与员工认知的不同组合

资料来源：周施恩．人力资源管理高级教程［M］．2版．北京：清华大学出版社，2022.

（3）区域Ⅲ：员工自己知道，但其上司不知道。该区域往往为员工的自我"保护地带"（Hidden Strengths）。这一区域的形成，有可能是员工的刻意隐瞒，也有可能是上司的观察和了解不够细致，更有可能是上司早已看在眼里但假装不知道，俗称"睁一只眼，闭一只眼"。如果是后者的话，就说明上司对员工的不当表现采取了"漠视"的负向激励。员工对此不能沾沾自喜（认为上司不知道），恰恰相反，这一现象更应该引起员工的警惕和反思。

（4）区域Ⅳ：员工不知道，其上司也不知道。该区域为大家都不清楚的"黑暗地带"。

俗话说，"兼听则明，偏听则暗"。只有经过坦诚而有效的绩效反馈和沟通，才能提高员工及其上司的相互认知，进而达到提高员工和部门绩效的双赢目的。

总体而言，图 5-1 只是一个理想状态。在现实生活中，上司的层级比较高、向其汇报的人比较多，甚至还有人会偷偷向其打"小报告"，因此上司知道的要相对多一些，其不知道的要相对少一些；而员工的站位较低，信息源相对单一（甚至还会有人刻意对其隐瞒信息），因此其知道的相对要少一些，而不知道的要相对多一些。具体到图 5-1，就是员工"自己的盲点"（区域Ⅰ）要远比自己想象的大得多，员工自己的"保护地带"（区域Ⅲ）要远比自己想象的小得多。如果你是一名基层员工，在看懂这一点后，是否会突然感到后背发凉？

我们应该怎么办呢？其实应对措施也非常简单——在日常的工作和生活中，我们要力求做到：实事求是，坦诚相待；闻过则喜，有错必改；静坐常思己过，闲谈莫论人非。

二、如何进行绩效反馈

绩效反馈的主要形式是找员工个别谈话，是一次与员工进行的正式沟通，我们对此应该充分重视起来。

（一）上级需要准备的事项

为确保绩效反馈的高质量和高效率，上司在与员工正式谈话之前须做好以下准备工作：

（1）尽可能提前告知员工面谈的时间和地点，以便员工做好相应准备。

（2）要让员工知道，上司很期待此次面谈，很想听听下属的真实想法、对不同问题的看法，以及对改进工作的意见和建议。

（3）准备好员工绩效考核成绩、行为表现记录、员工的岗位职责等材料。

（4）拟好（或默记）与员工面谈的问题及措辞，确保沟通中无重要遗漏。

（5）预先准备如何回应可能出现的尖锐问题或尴尬局面，确保绩效反馈以大家都能接受的方式圆满收场。

（二）员工需要准备的事项

员工为了充分利用绩效反馈的机会，合理展示自己，解释工作中的失误，不断提升上级对自己工作表现的综合认知，在与上司进行绩效沟通之前也要做好相应的准备。

（1）对自己过去一段时间的工作情况进行系统回顾，总结成绩，分析不足，想好改进计划。

（2）准备好自己完成任务、实现目标的证明材料。

（3）如有需要，准备好自己的职位说明书、绩效计划书（有的企业里称为"目标责任书"）等，确保有的放矢。

（4）想好说辞，力求能愉快地结束绩效反馈，有尊严地离开上司的办公室。

三、绩效反馈的四个核心环节

对于如何进行绩效反馈，有一个包括七个环节的指导流程（参见表5-9）。这七个环节对于高效愉快地开展绩效反馈来说都是必需的，其中的核心环节有四个。

（一）倾听记录

由员工对自己考核期内的工作表现、工作成果及下一步的改进计划进行陈述，上司认真倾听，并做简要记录，尽量不要打断员工的谈话，要让员工把自己的认知及感受充分展示出来。这是对员工最起码的尊重，同时也是上司获取全面信息的重要途径。

（二）重点反馈

上司将员工的绩效考核得分反馈给员工，对员工所取得的成就予以充分肯定，对员工的不足、短板予以适当说明。在此过程中，员工对自己得分低的指标可能会提出不同意见，上司所要做的不是压制员工意见，更不是批评员工的认识错误，而是要以员工能够接受的方式予以合理解释，确保员工认可自己的绩效考核结果。

（三）开发方案

上司应结合员工的能力素质、发展志向，与员工共同探讨个人提升计划和绩效改进计划。高水平的上司借此还会帮助员工梳理职业发展规划，指明日后的个人努力方向，甚至传授学习方法和心得技巧。

（四）愉快收场

无论做什么事情，我们都应该坚持以和谐共生、共创共赢为最终目标，力求做好过程管理和收尾工作。具体到绩效反馈，就是要求上司与员工平等沟通、换位思考、冷静处事、包容发展，在工作上持续寻求最大的"公约数"和"同心圆"，以愉快的心情共同立足现在、开创未来。

四、管理者如何提高自己的绩效反馈水平

正式的绩效反馈一般包括七个基本环节，分别是开场破冰、倾听记录、重点反馈、沟通评估、综合意见、开发方案、愉快收场。在每次反馈结束后，上司也应该对自己的行为表现进行评估，并根据评估结果提出自我改进计划。下面是管理者提高自身绩效反馈水平的绩效反馈评估表（见表5-9）。

表5-9 绩效反馈评估表（管理层适用）

基本技巧		具体内容	使用情况			自我改进计划
			得心应手	略有疏漏	问题突出	
1	开场破冰	简要说明反馈目的、沟通内容与所需时间，建立相互信任的心理环境				
2	倾听记录	员工述职，自我评估；上司认真倾听，并作必要的简短记录				
3	重点反馈	上司简述共同认识，重点就员工不知道而自己知道的事实进行反馈；肯定成绩，指出不足				
4	沟通评估	双方就不一致的认识进行平等沟通，并对员工的综合表现作出评估				
5	综合意见	就沟通结果，形成一个相对完整、客观的综合意见				
6	开发方案	上司对员工提出期望和要求，并与员工共同开发下一绩效期间的行动方案				
7	愉快收场	再次肯定员工成绩，提出更高期待，为员工打气加油，并对员工的辛勤付出表示感谢				

资料来源：周施恩．人力资源管理高级教程［M］．2版．北京：清华大学出版社，2022．

第六节 绩效评估中的常见误区与解决办法

一、认识上的误区

（一）绩效评估是人力资源部的事，与其他部门无关

传统观点认为，绩效评估是人力资源部的工作，与其他部门几乎没有什么关系。这明显是一种错误的观点。现代企业强调"分权"（与之对应的是"集权"），强调各

级管理者的主体责任,强调赋予各级管理人员较大的人事管辖权。因此,对所属员工工作过程和工作成果的评价,日渐成为各级管理者责无旁贷的工作。

(二)绩效评估就是为了对员工施加控制

不少员工认为:"绩效考核,就是用来控制我们的!"这也是一种错误的观点。通过本书前面的内容我们知道:绩效管理的根本目的是完成任务、实现目标、提高企业绩效。而"控制员工""把员工管得死死的",不仅不会实现上述目标,反而会导致"阳奉阴违""虚报瞒报""弄虚作假"等不良行为。因此,人力资源管理的精髓不在于管理,而在于恰当的工作安排和合理的综合激励。

(三)绩效评估就是为了扣分扣钱

一些企业给员工的薪酬标准仅仅是一个"标准",每当员工出现问题就从薪酬中予以"扣减"。比如:不服从领导安排要扣钱,在车间大声喧哗要扣钱,开会迟到要扣钱,工作岗位达不到清洁标准要扣钱。其结果是:大多数员工从来没有拿到过"标准薪酬",基本上每个月都会被扣钱。

而真正科学的绩效管理是实施"双向激励"——当员工的工作出现问题时,固然要扣分罚钱;而当员工在工作中有优异表现时,也应当予以科学合理的奖励。只有这样,才会真正激励员工养成"认真负责"(通过减少失误来实现)和"争先创优"(通过优异表现来实现)的良好习惯。

二、在实际操作中的误区

一些部门经理并非人力资源管理专业人士,因此在实施绩效评估时经常会无意中犯一些错误。

(一)晕轮效应

晕轮效应又称"光环效应",是指在人际知觉中所形成的"以点概面"或"以偏概全"的主观印象。一个人如果拥有比较突出的优点或缺点,往往会影响人们对这个人其他方面的判断。

在绩效评估中,一些管理者倾向于给在某方面表现比较突出(如"销售指标完成得好")的员工各方面都打高分,或者对某方面表现差(如"不服从领导")的员工在各方面都打低分。这样打分显然是不公平的。实际上,该管理者可能并非出于私心,而极有可能受到了"晕轮效应"的潜在影响。

应对措施:将绩效评估分为多个维度(而非整体上的综合评价),并且尽可能加大量化指标的权重,降低人为因素的干扰。

(二)首因效应

首因效应也称"第一印象效应",是指人们的第一印象往往会在脑海里停留很长时间,并且影响人们对事物的判断。比如,某员工新来时头脑灵活、积极肯干,虽然后来表面上积极进取、实际上浑水摸鱼,但不了解真相的人往往会凭借第一印象对其作出判断,进而打出不符合实际情况的考核分数。

应对措施:加大知情人员(如直接上司、工作中联系密切的同事)的打分权重;

加大量化指标的权重，降低人为因素的干扰。

（三）近因效应

与首因效应相反，在多种刺激同时出现时，后来出现的刺激往往会影响人们的判断。最常见的例子是：在介绍某人时说了一大堆优点，然后又用"但是"引出一些缺点。在这种情境下，人们往往对"但是"后面的内容印象更深刻。

研究表明，认知结构简单的人容易出现近因效应。例如：张三一直对李四很好，但张三近来做了令李四不太满意的事，李四就因此对张三怀恨在心。而认知结构复杂的人，则不太容易受近因效应的影响，他们通常会出于综合考虑而选择对张三的近期表现予以理解。

具体到绩效评估，一些比较"精明"的员工，在年底前会刻意表现得更好——服从领导、帮助同事、勇挑重担。而当考核结束、自己拿到高分、获得奖励后，又很快"恢复原形"。

应对措施：如果条件允许，尽量缩短考核周期（如将年度考核变成月度考核），使企图利用近因效应的"精致的利己主义者"无可乘之机。

（四）刻板印象

刻板印象是指，人们会不自觉地对某类人群或事物形成的一种概括性的看法，并把这种看法推而广之，认为此类人群或事物均具有该特征。常见的刻板印象包括：法国人浪漫，德国人严谨；漂亮女生娇气，胖子男生懒惰；会说话的员工心地善良，不善言谈的员工固执己见，等等。

在绩效评估中，一些管理者往往凭借刻板印象对员工打分，而忽视了不同个体的差异性和独特性，因此导致评估结果出现偏差。

应对措施：评价内容尽量细化；尽量避免不熟悉的人员相互打分；加大量化指标的权重，降低人为因素的干扰。

（五）宽大化倾向

宽大化倾向是指管理者在对下属进行评价时，往往采取包容的做法，对所有员工尽可能都打高分。

总体而言，宽大化倾向出现的主要原因包括：对自己的领导力不够自信，不敢实事求是评价；为了保护下属，避免使下属受到处罚或扣罚；怕得罪人，有一定的"和稀泥"心态；绩效考核体系不科学，如果"实打实"地打分，怕引起争议和投诉（如本章引导案例中的ZK公司）。这样的绩效评价倾向对那些实事求是打分的部门来说是不公平的，长此以往，就会慢慢滋生"劣币驱逐良币"的现象。

应对措施：评估办法力求科学合理；适度加大量化指标权重，降低人为因素的干扰；对考核结果进行强制分布和标准化处理。

与宽大化倾向相反的是"严苛化倾向"，即打分标准严苛，从而压低员工整体的得分水平；与宽大化倾向类似的是"中心化倾向"，即对所有员工都打中等的分数，难以有效区分员工的绩效水平。对其的改进办法可以参照上文。

【复习与思考】

1. 被考核者为什么害怕绩效考核？我们应该采取怎样的对策？
2. 考核者为什么害怕绩效考核？我们应该采取怎样的对策？
3. 在设计绩效考核体系时，我们应该把握哪些重要的导向作用？
4. 根据考核评估的内容，可以将绩效考核分为哪三种主导类型？它们各有什么优缺点？
5. 在绩效考核中，不同的评价主体打分有什么优势与不足？应该怎样加以合理利用？
6. 以小组讨论的形式，谈一谈绩效考核的主要方法及其适应性。
7. 以小组讨论的形式，谈一谈管理者应该怎样做好绩效反馈？
8. 查阅相关资料，制作一个针对企业管理者的"绩效考核中的误区与应对策略"的培训资料（包括授课PPT、其他必要的学习资料），并对学生作模拟培训。

【案例分析与创新探索】

绩效考核：考的是企业，而不是员工![1]

一位做HR的朋友诉苦说：自己被公司业务部门的总监给批了，当时感觉很没面子。事情是这样的：其所在的公司今年效益不太理想，于是老板让她做了一个绩效激励方案，并要求尽快执行。而实际结果是，很多员工因此被扣了奖金，有的甚至被直接"劝退"了。这位业务部门的总监下面有几位能力很强的骨干，他们对公司新出台的考核制度十分不满，于是纷纷离职，导致该部门的业绩出现断崖式下降，最后可以说是"人财两空"。于是，这位业务部门的总监就怒气冲冲找到人力资源部门，当众把这位朋友给批了一大通。由于他是老板的红人，因此这位HR朋友只能忍气吞声。

其实，这位HR朋友感觉自己很委屈，她说："我有什么错？做绩效不就是通过KPI来考核员工，然后达成公司目标吗？"

这位HR朋友有些本末倒置——真正的绩效考核，考核的不是员工，而是企业。要知道，考核的目的不是为了赏罚员工，而是为了达成公司的目标。而其中的核心工作是通过绩效考核对公司经营状况进行监控和诊断。那么，HR应该怎样去做一个能够提升公司经营目标的绩效考核方案，并且同时又能得到老板和业务部门的认可呢？

首先，我们要站在老板的角度，看看他最关心公司经营中的哪些点。

一、老板最关心这三点

做绩效管理，一定要学会站在老板的角度去考虑问题，即你要有经营思维，而不是单纯的HR思维。作为企业的最高决策者和实际持有人，老板一般最关心以下三点：

---

[1] 绩效考核不是考核员工，而是考核企业! https://business.sohu.com/a/628038106_120083336。

首先是财务数据。公司今年能挣多少钱？成本、现金流又分别是多少？

其次是销售数据。销售额增长了多少？库存多不多？跟对手相比我们是快了还是慢了？销售队伍能不能跟得上？

再次是产品方面。我们的产品是否有竞争力？竞争对手们都有什么产品？我们的产品是否要更新迭代？

以上只是最基本的情况。当企业发展壮大，产品线变得更多的时候，老板就需要更多的数据来作决策。在任何一家企业里，站C位的永远是老板，C位旁边的两个人，有一个是CFO（首席财务官），因为财务一定是老板最关心的；而另一个，就应该是CHO（首席人力资源官）。

这个位置显要的CHO要能准确地告诉老板：要实现公司目标，我们现在的人/团队行不行？能不能完成任务？如果不行，我会怎么帮你去解决人的问题，然后让公司变得更加强大。那么，HR怎么帮老板判断现在的人/团队行不行呢？

二、通过绩效监控，帮老板诊断经营现状

绩效管理，从本质上说就是一个监控体系，监控的是整个企业的经营现状。

战略层面，主要看公司总体目标和各层级目标是否准确，绩效是否联动。

行动计划，主要看企业当前的行动能否支撑目标的实现，要鼓励业务部门开展充分讨论和工作协同。

财务预算，主要看预算额度和现金流能否支撑企业既定的行动。

目标分解，主要看总监、经理、员工的目标设定是否有效，层层之间能否"对齐"。

上述四个环节就是绩效监控体系的价值所在，HR需要随时给决策层提供数据，告诉老板——哪里还不错，哪里有问题。如果有问题，是某个部门的问题，运营流程的问题，还是某个岗位的问题？进而分析形成问题的原因。

需要说明的是，复杂的数据和表格老板不愿看，也可能看不懂。老板平时最怕的是绩效经理动不动就搞一堆表格、一堆文档、一整套复杂的PPT。我们HR要做考核、评估、面谈、报告，从中抓取最有效的经营数据，给到老板，这才是HR最有价值的地方，也是增加HR影响力和话语权的关键。

那么，什么样的数据对Boss最有价值呢？

三、给老板最有价值的数据

站在帮老板解决问题的角度看，可以利用以下分析框架来梳理数据：

现金流：反映企业的日常经营现状，它能不能抵御突发事件[①]。为此，HR要和财务部门建立合作关系，知道基本的财务知识，熟悉三大报表和预算管理。

客户：即公司有没有稳定的客户群体。HR要理解企业的钱到底来自哪里，知道客户是谁，了解公司的盈利模式和销售渠道。

---

① 一个可以参考的案例是：自2022年3月至2023年6月，美元连续16个月共加息525个基点（基准年利率从0涨到了5.25%），导致美元回流美国，全球企业的美元债务飙升。许多房地产企业频繁出现债务危机，纷纷"暴雷"，有的甚至破产倒闭。

内部运营效率：主要指成本控制。如果 HR 能直接告诉老板各个部门的运营效率有多高，就不需要一大堆看似漂亮但实际上没有什么价值的数字和表格了。

人员结构：主要指人的数量和质量。从公司战略、经营目标、人才开发、企业文化等角度来看，我们需要什么样人？需要多少人？又应该怎样保留和激励他们。

四、一个成功的案例

这是一个通过绩效管理来形成一套业绩预警机制的成功案例。

JK 公司每个季度都会召开一次绩效沟通会。在上年的 Q3（三季度）绩效沟通会上，仍然有一些部门的数据"爆红"（即没有按时完成，形成了工作上的"赤字"）。眼看就 Q4 了，老板当然很着急。在之前的类似会议上，大家都会反映一大堆问题，然后说完就散了，老板也拿不出什么有效的办法。

比较幸运的是，此次 Q3 会议，公司引入了外部专家。专家们通过绩效监控体系和绩效分析工具，会后给每个部门送达一张表：告诉他们哪些工作完成得好，哪些工作完成得不好，照此下去，该部门会被扣减多少绩效工资和年终奖。很快，这些部门的负责人就主动来找 HR，解释形成问题的原因。在外部专家的帮助下，HR 和这些部门的负责人共同探讨问题的根源所在，以及能够快速解决问题的办法。由于及时发现、解决了问题，这些部门到年底都较好完成了既定任务，拿到了比较理想的工资和奖金，皆大欢喜。

五、小结

首先，好的绩效管理是一个完整的系统，要有科学的目标分解，持续的监控和分析——通过绩效周报和月度考核，全面搜集数据，准确作出判断，找到在哪个领域、哪个团队、哪个环节出现了问题，然后认真分析、全面改进，争取最后都能拿到理想的绩效考核得分。这是对部门、员工最好的交代，也是对老板最好的回报。

其次，还有指标库的建设，要把所有的核心任务都纳入 KPI 指标库中，并持续跟踪、完善，不断迭代。

再次，在绩效考核时要敢做敢为。只要指标体系设计得好，考核办法选取得当，在绩效监控过程中充分发挥了监督、协调、反馈、改进的义务，到年底考核时就要敢于"真刀真枪"地实施考核。该奖的，绝对不要怕"多"；该罚的，绝对不要怕"少"。

最后，如果我们能搭建起一个科学合理的考核与奖惩体系，就能有效推动企业战略的执行。在帮助老板打通经营之路的同时，也为自己打开了能力进阶、价值显现和职位晋升之路。根据经验，老板提拔的不一定是完成任务的人，而是被老板认可和赏识的人，这里面的道理，值得我们慢慢回味。

【讨论与创新】

1. "真正的绩效考核，考核的不是考员工，而是企业"，你是怎么理解这句话的？
2. "绩效考核就是对员工的控制和处罚"，你认为对不对？为什么？
3. 组成学习小组，共同讨论做好绩效考核的关键在哪里，并撰写一份言简意赅的总结报告，作为对自己学习成果的综合验收。

第六章　绩效考核结果综合应用

如果把绩效管理比作"女娲造人",那么完成绩效计划制订、绩效监控与沟通辅导、绩效考核、绩效反馈等一系列工作,只相当于完成了人形的塑造。但是,我们所造就的仍然只是一个毫无生机的躯体。只有通过考核结果的综合应用赋予这个躯体"灵魂"之后,它才真正地成为"人"。

换句话说,绩效考核结果的综合应用会激活整个绩效管理循环,从而使一家企业与其他企业明显地区别开来。

学习目标
√ 理解目标设置理论、强化理论和公平理论的核心思想
√ 了解基于有关激励理论的高绩效循环模型
√ 掌握绩效考核结果应用的几种主要方式
√ 理解考核结果应用背后的管理理念
√ 探索性思考绩效考核结果应用的其他方式
√ 尝试设计短期、中期、长期相结合的激励机制

【引导案例】

猎人与猎犬的故事（二）

上接本书第三章的引导案例。

随后,猎人又优化了奖惩办法:每天根据每条猎犬上缴的兔子的重量来奖励骨头,多劳多得,不劳不得。结果,猎人每天收到的兔子的重量很快提升起来,他也因此获得了丰厚的利益。但不久之后,猎人发现猎犬们上缴的兔子虽然很重,但出肉率却越来越低,自己又陷入了亏损状态。原来,猎犬们在猎获兔子后,想方设法给它们增重,甚至还学会了注水。

之后,猎人就将奖励依据由原来的毛重,变成了出肉量,并对兔子的肉质进行严格检疫检查。还进一步出台规定:凡是给兔子注水的,不仅没有奖励,还要关几天禁闭。此令一出,猎人得到的兔子的肉量和肉质就很快得到了提升。

但好景不长,猎犬每天猎获的兔子的肉量又开始下降,而且越是经验丰富的猎犬,猎获量下降得越快。于是,猎人就去找"骨干猎犬"了解情况。

它们说:"我们现在年富力强,因此每天还有饭吃,但也仅仅维持温饱而已。当我

们逐渐老去,不能再猎获兔子时,你还会给我们饭吃吗?"

猎人分析了猎犬们猎获的收入和骨头的成本,并对未来的市场情况进行了认真和系统的分析,于是又出台了新的规定:

(1) 上缴的兔肉必须保质保量,否则就关禁闭,重者驱逐出队伍。

(2) 每天上缴的兔子,折合兔肉基准值为 1 500 克。达到这个数量,可以按规定获得骨头吃;达不到基准值的,骨头的数量按比例折减。

(3) 每天上缴兔肉超过 1 500 克的部分,可以按照 20% 的比例折合成"骨头股份",寄存到上缴者的名下。

(4) 当猎犬年老体衰,不能再外出狩猎时,可以慢慢享用自己原先寄存的"骨头股",以确保自己老有所养。

思考:

1. 就这则寓言故事中猎犬们每一次的应对策略,谈一谈你对"人性"的看法。

2. 你认为猎人最后一次出台的新规定怎么样?企业应如何借鉴?

第一节 相关理论基础

西方心理学的蓬勃发展,不仅使人们能够更好地认识、理解及预测人类个体或群体行为,同时也为做好绩效管理及其配套的激励机制建设奠定了坚实的理论基础。从实践到理论,再从理论到实践,这是一条必由之路。

一、目标设置理论

美国马里兰大学的管理与心理学教授洛克(E. A. Locke)等人在研究中发现,外来刺激(如奖励、工作反馈、监督的压力等)都是通过目标来影响动机的。目标不仅能够引导行动,它还会影响人们的努力程度及其持久性。在一系列相关研究的基础上,洛克等人于 1967 年提出了著名的目标设置理论(Goal Setting Theory)[1]。

(一) 目标影响业绩的内在机理

1. 目标具有行为指引功能

高质量的发展目标会引起人们的关注,引导人们做出与目标有关的行动,并尽可能减少或远离与目标无关的行动。比如:为了在高考中考出好成绩,"好学生"都会非常自律——克制自己贪玩的欲望(远离与目标无关的行动),尽量把时间和精力放到学习上来(开展与目标有关的行动)。

2. 目标具有激发斗志功能

较高的目标会鼓舞人们的斗志,进而激发战胜困难、实现目标的勇气和决心。比如:为了考上心目中的理想大学,那些"好学生"会合理安排时间,专心刻苦攻读,

---

[1] 张美兰,车宏生. 目标设置理论及其新进展 [J]. 心理学动态, 1999 (2): 35-40, 34.

绝不会浪费任何一段时间①。

3. 目标具有使命召唤功能

具有挑战性的目标，对于自律的人们无疑是一种召唤，它会召唤人们持续为之付出努力，有时甚至不惜付出生命的代价。大家都熟悉的典型例子是：董存瑞、黄继光、邱少云等无数英雄在"保家卫国"崇高使命的召唤下，前赴后继，视死如归。

4. 目标具有创新促进功能

难度较大的目标任务，会促使人们有机整合已有知识、技能和经验，有目的地学习、掌握和应用新知识和新技能，从而实现技术或管理创新。

比如：为了实现"两弹一星"宏伟目标，我国一大批科学家、工程师、工程兵等，不畏艰辛、刻苦钻研、协同创新、踔厉前行，终于实现了预定目标，保证了我国的国防安全，就连外国同行都为之惊叹。

（二）目标设置理论的具体应用

虽然目标设置的上述功能已得到国内外学者的充分验证，但并非所有目标都必然拥有上述功能。

为了使目标设置充分发挥作用，经过长期、系统的研究，洛克教授等人相继提出了这样的观点。

1. 有目标的任务，要比没有目标的任务好

不预先设定目标，只布置工作任务，就无法充分发挥目标设置理论所提出的美好功效。比如，管理者只告诉员工月底前完成数据分析报告，这无异于告诉员工：月底之前只要提交了报告就可以了，没有其他任何要求。其结果往往是不同员工所做的数据分析报告五花八门，有的甚至是直接从网上下载的，根本没有任何参考价值。

2. 有具体目标的任务，要比目标空泛的任务好

还是以"月底前完成数据分析报告"为例，如果管理者要求员工：报告要分为基本情况、数据分析和对策建议三个部分；要根据公司下发的模板调整好格式；基础数据要准确，不能有任何差错；对策建议要符合公司实际情况，不能空泛地"唱高调"；字数一般控制在 4 000 字以内；严禁"掺水"和"凑字数"。这样相对具体的要求就可以起到行为指导的基本功效。

3. 难度大但又能被执行者接受的目标，要比其他类型的目标好

还是以"月底前完成数据分析报告"为例，如果管理者在上述要求的基础上进一步提出：每位员工所提的对策建议，至少要被本部门或公司其他部门采纳两条以上（直接采纳或修改完善后采纳均可）。这是有很大挑战性的，因为建议必须符合理论要求（理论上可行），符合法律法规要求（合法合规），并且能够解决公司实际问题（问题导向），提高公司运行质量（创新导向）。

综上所述，没有目标或目标不具体，目标太容易实现或因难度太大而不被员工接

---

① 善于学习的学生会合理安排学习和娱乐时间，并通过短暂的全身心放松来提高下一步的学习效率。在这里，休息和娱乐就不再是单纯的"休息和娱乐"，而是"高质量学习"的一个不可或缺的重要组成部分。

受的任务，是管理者在工作中应该着力避免的。这样的目标或任务不仅不会引导和激励员工，反而会导致员工放弃努力，选择随遇而安、得过且过。具体到绩效考核结果的综合应用，我们应该做出这样的制度安排：设置合理的、具有挑战性的目标，同时将薪酬中的一部分（绩效薪酬）与目标的完成情况相有机结合——达成目标即拿到全额绩效薪酬，超额完成目标则设置一定奖励，没有完成目标则扣罚一定绩效薪酬，其整体的激励效果将会十分明显。

二、强化理论

强化理论（Reinforcement Theory）是现代西方激励理论研究的一个重要方向。它由美国最具影响力的行为主义心理学家之一斯金纳（B. F. Skinner）率先提出，并不断被后来的专家学者持续完善。该理论认为：人的行为受外部条件的调节与控制，因此通过改变外部刺激就能改变人们的行为。该理论最初被应用于训练动物，后来进一步发展并应用于人的学习上，现在被广泛用于激励和改造人的行为，因此也被学者广泛称为"行为修正理论"[①]。

（一）理论基础

"强化"一词最早由研究条件反射理论的巴甫洛夫提出，后被斯金纳所借用和发展。斯金纳认为，人或动物为了达到某种目的，会有意识地采取一定的行为反作用于环境，而这正是西方激励理论的重要立论基础。

1. 正强化

当人或动物的某种行为所引起的后果对其有利时，这种行为就倾向于重复出现。比如：当海豚听从驯兽师的指令从水中跳出来钻过一个铁圈后，驯兽师就马上向它投喂美味的沙丁鱼。"听从指令"这种行为的后果，显然对海豚是有利的，当驯兽师再次发出相同的指令时，它就会迅速做出相同的行动（重复出现）。在这个例子中，驯兽师采用的是正强化（Positive Reinforcement）措施，其典型的手段是肯定、赞赏、表扬或奖励等。

2. 负强化

当某种行为的后果对人或动物不利时，这种行为就会减弱或消失。比如：如果黑熊不服从驯兽师的指令，驯兽师就会用电击的方式惩罚它。"不听从指令"这一行为的后果，对黑熊来说显然是不利的，因此它以后就会减少这种类似的行动（减弱或消失）。在这个例子中，驯兽师采用的是负强化（Negative Reinforcement）措施，其典型的手段是批评、训斥或处罚。

3. 消退强化

当人或动物做出某种克制自己或取悦他人的行为后，并没有看到任何有利或不利的后果，久而久之这种行为就逐渐减少，直至最终消失。消退强化有两种情形：

一是当做出以前曾正强化过的行为，人或动物并没有再次得到奖赏时，那么这种

---

① 曹元. 借鉴斯金纳强化理论培养高校学生骨干 [J]. 江苏高教，2017（10）：102-104.

行为就会逐渐减少。比如：当海豚一而再地听从驯兽师的指令从水中跳出来钻过一个铁圈后，驯兽师没有向它投喂美味的食物，甚至就连赞美、抚摸和拥抱等精神慰藉都没有的时候，海豚慢慢地就会不再听从驯兽师的指令了。

二是当人或动物所做的某种（一般指"克制自己"或"取悦他人"）的行为始终被忽视，那么这种行为也会逐渐减少。比如：某学生始终认认真真写作业，自认为写得很用心、很有水平，但始终没有得到老师的肯定与表扬，那么他可能慢慢就不会再像以前那样用心了。

总体而言，消退强化的典型的手段是视而不见、听而不闻、置之不理或冷漠相待。

小贴士

聪明的老者

一大帮邻街的孩子，经常在一座居民楼下吵闹。楼上住着一位老者，他有些精神衰弱，孩子们的吵闹声使他难以静心修养。其他邻居也曾呵斥和驱赶这些孩子，但过不了多久，这帮孩子就又会跑过来肆无忌惮地玩闹。

一天，老者下得楼来，给了孩子们一块钱，并告诉他们："我是孤寡老人，你们在这里玩耍和喧闹为我的生活增添了生机，使我不再感觉孤独，因此希望你们每天都来这里玩。这一块钱，是对你们的奖赏，你们可以到街口的小卖店买些糖果吃。"一连几天，老者总是会给孩子们一些零钱，孩子们也天天到这里来玩耍。

后来某一天，孩子们玩闹了好半天，也没见那位老者下来给他们奖赏。而且不论孩子们多么吵闹，老者再也没有下来给他们奖赏。于是，他们为了"惩罚"这个"可怜的老头"，就再也不来这里玩耍了。

（二）具体应用

人不是动物，在对人的管理上要符合人性化要求。管理者对员工实施激励的根本目的是规范员工行为、激发员工斗志、鼓励争先创优，而非简单地把员工"管住"，更非把员工"管死"。此外，由于中西方文化的差异，我们在员工管理上要符合中国的国情特色和员工需求。

1. 应以适度的正强化方式为主

喜欢被鼓励、肯定和奖赏是人之常情。对于那些认真负责、业绩良好、阳光包容的员工，管理者应该多用赞赏、鼓励、表扬、奖赏等正强化措施，并形成一定的示范效应，逐渐树立团结协作、争先创优的良好氛围。

但是，频繁使用相同的强化物，可能会使得员工激情逐渐消退。具体来说，就是滥发奖励（精神上或实物上的）就会导致奖励"贬值"，其在员工心目中会变得越来越"不值钱"。因此，管理者在使用正强化手段时，应该予以通盘考虑、用心设计，而非一味地"滥做好人"。

2. 斟酌使用负强化措施

每一位员工都是成年人，成年人有成年人的尊严和追求，特别是在"好面子"的中国，企业管理者在使用负强化措施时一定要有所斟酌，最好不要"拍桌子""瞪眼睛"，更不能动不动就批评和辱骂员工，或者把绩效考核简单地等同于"扣分""罚钱""耍官威"。要知道，影响员工个人绩效的因素有很多，内因方面包括个人的知能水平和个性、动机，外因方面包括内外环境和机会、运气（参阅本书第一章绩效的"多因性"），管理者应该具体情况具体分析。只有做到"知情""知事"和"知人"，才能确保自己的管理方式和激励措施上的"知心"。

当然，对于"屡教不改""一错再错"的行为，管理者也可通过负强化措施予以修正，这也是赏罚分明的客观要求。我们可以参照《古剑铭》[①]来酌情使用负强化措施：

轻用其芒，

动即有伤，

是为凶器；

深藏若拙，

临机取决，

是为利器。

3. 注意强化的时效性

如果某小朋友偷了一块橡皮，一开始他心里惴惴不安，但是当家长知道后也不予以批评教育，慢慢地这个儿童就可能养成小偷小摸的习惯，日后甚至会逐渐升级为违法犯罪。

反过来说，如果员工一再表现出积极上进的行为，管理者却始终没有予以正面回应，那么员工积极上进的行为就会逐渐消退。因此，管理者在对员工实施正向或负向强化时，应该特别注意时效性，避免对不良行为的姑息纵容，或者对良好行为的视而不见。

4. 因事制宜，因人制宜

（1）因事制宜。对于事态紧急（如抢险救灾）、影响恶劣（如公然造谣诋毁公司或他人形象）、后果严重（如违规操作，有可能酿成重大生产事故）等不良现象，应及时予以负强化，以免事态失控或进一步恶化；而对于那些无心之举、影响面不大、后果轻微的不良现象（如某员工不小心发错一个不太重要的内部邮件），则可以采取消退强化措施。

（2）因人制宜。一般认为，西方人普遍属于短期导向，做事都希望尽快看到结果，因此其激励的时效性就显得尤为重要。而中国人则普遍属于长期导向，习惯于从长远、全面和系统的角度来看待问题，所谓"路遥知马力，日久见人心"。具体而言，对于低

[①] 引自唐浩明所著长篇历史小说《曾国藩》，《古剑铭》的原作者及出处尚无法考证。

层级、心直口快的年轻员工,时效性的概念可以理解为"尽快、抓紧",或者"尽量在一周之内";而对于中高层级、考虑周密、性格比较沉稳的员工,时效性的概念可以理解为"适时、择机",具体来说就是"选择在恰当的时机和场合"。

总的来说,西方强化理论更多地强调用外在因素来修正和调控员工的行为,在某种程度上默认了"人是机器"的观点,其在短期内的激励效果是比较显著的,这一点甚至超越了不同国度、不同民族的跨文化差异。但本书认为,员工是活生生的人,他们有思想、有尊严、有主观能动性,在合理使用强化理论(对员工行为的管控)的同时,应该注意对其价值观念和思想认识的影响和引导(对员工内心的影响),内外兼修,方为成功之道。

小贴士

社会学习理论

社会学习理论是由美国心理学家阿尔伯特·班杜拉(Albert Bandura)于1952年提出的。该理论认为,通过观察和模仿别人的行为来获得知识与技能,是人类成长、进步的一条非常重要的途径。一个非常有趣的例子是:美国派拉蒙影业公司于1986年出品的电影"壮志凌云"(Top Gun)上映后,美国空军的新兵招募瞬间爆棚。该片场景逼真、制作精良、剧情跌宕起伏,所塑造的主人公英俊、帅气、正气凛然并最终功成名就,同时也捕获了剧中美女主人公的一颗芳心,因此引起了大批美国青年的纷纷效仿(社会学习)。

社会学习理论的主要应用其实就是人们常见的树立典型、宣传模范,以及惩罚罪恶、鞭策落后。现代年轻人之所以对某些正面典型不太"感冒",究其原因,并非社会学习理论过时,也不是现代年轻人不爱国、不求上进,而是很多时候是因为人物塑造和宣传手段比较落伍。用强化理论来解释,就是人们对"程式化""刻板化""不食人间烟火"的模范宣传套路,早已经"激情消退"了。

三、公平理论

公平理论是美国行为科学家斯塔西·亚当斯(J. Stacy Adams)在与他人的合作中率先提出并持续完善的一种激励理论,形成观点并最终发表的时间主要在1962—1965年。该理论侧重于研究报酬分配的合理性、公平性及其对员工工作积极性的影响,因此又被广泛称为社会比较理论。

(一)理论基础

1. 公平感

亚当斯提出:员工的工作积极性不仅与其实际得到的报酬多寡有关,而且还与其对报酬分配是否感到公平有关；在很多时候，后者对员工工作积极性的影响更大。而员工对报酬分配公平与否的认知，就取决于其所做的社会比较或历史比较。

（1）社会比较。这是指员工对其所获得的报酬（包括物质上的薪资、福利，以及精神上的重视、表彰、奖励等。下同）与其在工作上投入（包括受教育程度、经验、用于工作的时间、精力和其他消耗等）的比值，与他人所得到的报酬和所做的投入的比值（以下简称报酬/投入比）进行比较。当这两个比值大体相当时，他就会感到公平；而当自己的比值低于他人时，他就会认为不公平。比值的差距越大，这种不公平感就愈强烈。

（2）历史比较。这是指员工将自己的报酬/投入比，与其本人历史上的报酬/投入比进行比较。当他认为现在的比值比过去的比值高（至少是"不低于"）时，就会感觉到公平，反之则感到不公平。比值的差距越大，这种不公平感就愈强烈。

2. 心理影响

"君子不患寡而患不均"，在这一点上，东西文化非常相似。当员工感觉到公平时，他就会获得心理上的平衡，进而心情舒畅，工作努力。反之，当员工感到自己受到了不公平的待遇时，就会产生怨恨情绪，进而影响工作积极性。

当然，如果员工因为自己的报酬/投入比高于别人或个人的历史水平时，他就会心存感激。但是，如果这个比值的差距过大，有的人就会感觉到不安（无功受禄，寝食难安），也有的人会暗自窃喜，认为自己"占了大便宜"。

小贴士

工资刚性

在宏观层面，工资（可以理解为劳动力的价格）本应像其他商品一样，由劳动力的供求关系决定——劳动力的供给小于需求，工资就高；反之，工资就低。然而，当社会上的劳动力需求量减少时，工资往往很难下降到新的均衡水平，这就是"工资刚性"。通常认为，是工会、合同与政府最低工资法规等限制了工资的波动。

在微观层面，公司老板们不敢随便降低工资（虽然他们一直有这种"冲动"）的原因，主要是担心降低工资会导致员工不满，使优秀员工降低工作积极性，甚至跳槽。在西方国家，老板们宁愿按法律规定支付赔偿金去解雇低效率的员工，也不愿意去主动降低工资。

3. 行为影响

当人们感觉自己受到了不公平的待遇，特别是觉得自己的报酬/投入比过低时，不同的人通常会采取不同对策。

（1）提出自己的诉求：向领导反映情况、争取条件，要求把自己的报酬提起来，或者把别人的报酬降下来。

（2）改变自己的投入和产出：放慢工作速度，降低工作质量，减少时间和精力投入等。

（3）改变自己的认知，降低心理预期：通过自我安慰，主动降低心理预期，来获得心理上的平衡。典型的例子便是"知足常乐"，以及鲁迅先生笔下的"阿Q精神"。

（4）改变参照对象：不再与比自己报酬/投入比高的人攀比，而是降低参照标准，主动向下比。典型的例子便是"比上不足，比下有余"——虽然自己挣得不多，但还有很多"吃不上饭"的人呢。

（5）发泄心中不满：发牢骚，讲怪话，讲坏话，编造或散布谣言，诋毁领导或同事等。

（6）故意破坏：人为制造矛盾，破坏公物或他人物品，破坏生产秩序，人为造成隐患，有的甚至会出现纵火、投毒、谋杀等极端行为。

（7）离开该领域：有的人会选择以辞职或跳槽等方式，主动离开其认为不公平的企业或行业，有的甚至选择远走他乡。

有西方文献指出，当人们感觉受到了不公平待遇时，"你可以预计他们会选择上述行为中的一种"。但东方人在思考和处理问题的方式上更为复杂和隐蔽，我们在具体的管理实践中更应该三思而后行。

（二）具体应用

1. 根本保证：制度上的公平合理

在考核指标设计上，要力求公平公正、科学合理，确保绩效考核结果突出重点、涵盖全面、结果公平；在薪酬体系设计上，要确保较为公平的基本收入[①]，以及合理的绩效薪酬。

如无特殊情况，原则上应该保证员工的基本工资不降；在绩效考核结果的反馈上，要做到及时反馈、合理解释，确保消除误解、达成共识，避免由于员工的偏见而形成不符合事实的不公平感。

2. 动态维护：认识和观念上的积极引导

通过长期、系统的培训，要将公司的绩效管理体系、薪酬体系等向员工讲清楚，使员工能够全面了解和深入理解，使各项制度进一步公开化、透明化。

同时，也要使员工认识到差异化是一种客观存在，公司只能保证制度上和程序上的公正，不能完全做到结果上的公平。举例来说：公司新换了办公室，办公室里的工位有好有坏（有的采光好，有的采光差），公司决定采取抽签的方式来决定员工的工位。此时，公司只能保证抽签的过程是公正的，但不能保证抽签结果的公平——肯定会有员工抽到采光条件差的工位。

[①] 基本收入上的公平，不是一般意义上的"平均"，而是综合考虑了学历、职称、技能等级、工作年限、任职年限（一般而言，工作年限越长，工作经验就越丰富，而非简单的"论资排辈"）等因素上的公平。即，只要到达了相同的条件，基本上都可以拿相同的基本收入。而且由于个人条件上的差异（如学历）所形成的收入差别，也应该是同一地区、同一行业的同类企业可以接受的。

3. 队伍建设：提升管理人员的综合素养

在日常工作中，各级管理者承担着计划、组织、指挥、协调、控制的职能，他们既是下属的领导者，同时也应该是其个人成长的导师、技能学习的教练，以及思想认识和价值观念上的引领者。他们的言行及管理风格对下属公平感和敬业度的影响，是最直接、最持久和最具说服力的。因此，加强对管理者的系统培养和整体提升是营造"公平感"的重要途径。

四、高绩效循环模型

所有长期可持续的高绩效都是高瞻远瞩、务实高效的管理机制规划出来的，同时也是科学合理、合法合规的激励机制激发出来的。我们从上述目标设置理论、强化理论和公平理论等角度来进行整合分析，就可以构建出一个高绩效循环模型（见图6-1）。

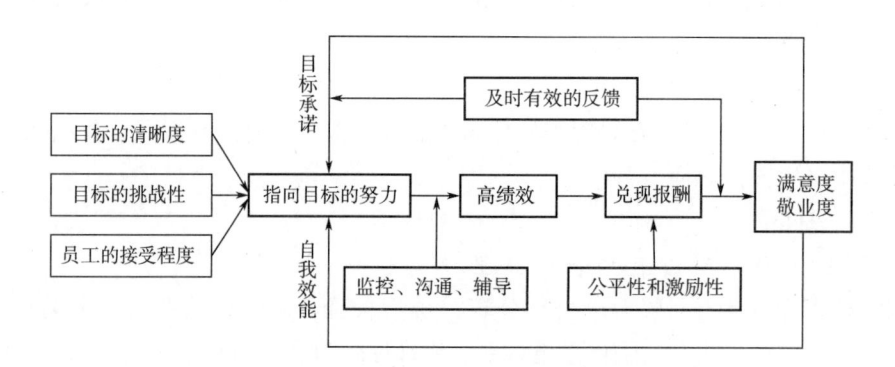

图6-1 基于有关激励理论的高绩效循环模型

图6-1的基本逻辑如下：

（1）目标的清晰度、目标的挑战性和员工对目标的接受程度，共同影响了员工指向目标的努力程度和努力的持续性。

（2）科学合理的绩效监控、绩效沟通与绩效辅导，对员工取得高绩效起到了明显的促进作用（正向调节作用）。

（3）兼顾公平性和激励性的正强化报酬分配（含有形报酬和无形报酬），使高绩效员工收入提高、价值彰显，成为员工们社会学习的模仿对象。

（4）及时有效的绩效反馈，使绩效不高的员工理解了报酬的差异、认识到了自己的不足、进一步明确了努力方向——向高绩效员工看齐，争取在下一个考核期内取得好成绩，拿到高报酬；使业绩突出的员工进一步提高了目标认同度和自我效能感，大家的满意度和敬业度均有所提高，至少是感觉物有所值，没有什么不满。

（5）通过持续优化和做好上述环节，员工对公司目标的承诺增强，个人效能感提升（充满自信心），进而有利于从更高的起点开始下一个高绩效循环。

小贴士

员工的"满意"和"没有不满"

赫茨伯格（Frederick Herzberg）所提出的双因素理论认为，员工的满意来自激励因素。常见的激励因素包括：感兴趣的工作，工作上的成就，以及因个人成就而获得的赞美和奖赏等。

与之相对应，公司的管理制度等属于保健因素，改善它们并不会带来员工的满意度提升。比如：人们常常把成就归因于个人的聪明才智和不懈努力，几乎没有人把自己的成就归因于"公司管理制度好"。因此，改善公司管理制度等措施，不会提高员工的满意度，但是会降低员工的"不满意"程度。

综合起来看，改善管理制度等外围因素，会使员工感觉到"没有什么不满"；而要想真正激励员工，就应该在激励因素上下功夫。两者相辅相成，相得益彰。

第二节 绩效考核结果的应用方式

绩效考核结束，企业将绩效考核结果反馈给员工并确保员工认同考核结果后，就进入到绩效考核结果综合应用环节了。

一、财务报酬

所谓财务报酬，主要指货币或可以用货币来客观衡量的报酬。财务报酬大体上可以分为短期和中长期两大类。

（一）短期报酬

1. 绩效工资

简单来说，就是根据每个月的绩效考核结果，兑现员工的月度绩效工资。兑现方式包括以下两种类型。

（1）绩效扣减型。当前我国企业最常见的兑现方式为：将员工的绩效考核得分设计为 100 分，然后根据员工的绩效工资标准和个人实际考核得分来兑现绩效工资。计算公式如下：

员工实得月度绩效工资=员工月度绩效工资标准×个人月度绩效考核得分÷100

举例来说：员工"张某"的个人绩效工资标准为 4 000 元，其当月的绩效考核得分为 85 分，那么他当月实际得到的绩效工资为 3 400（4 000×85÷100）元。在这个案例中，所有员工都不会因为工作突出而得到额外的绩效工资奖励，而一旦出现失误就要面临被扣减的情形。

（2）赏罚并重型。我国一些企业采取了这样的兑现方式：根据员工的实际得分计算个人分配系数（见表6-1），然后再根据个人的绩效工资标准和分配系数予以兑现。

表6-1 赏罚并重的绩效工资兑现方式（示例）

考核得分	90分（含）以上	80（含）~90分	70（含）~80分	60（含）~70分	60分以下
分配系数	1.2	1.0	0.8	0.6	0.4

还以员工张某为例：如果其月度绩效工资标准和月度绩效考核分数还是和上面的一样，那他当月拿到的绩效工资就变成了 4 000（4 000×1.0）元。在这个案例中，员工只要拿到 90 分以上，就会被奖励绩效工资；如果得分在 80 分（不含）以下，就要被扣减。大体上体现了双向激励的管理思想。

课堂讨论：

如果你是一家大公司人力资源部负责人，你更倾向于采纳哪种绩效工资兑现模式？为什么？

2. 绩效奖金

通常来说，绩效工资有着约定标准，一般按月兑现。而绩效奖金则要根据公司的盈利水平和部门的综合表现来确定，一般按照季度、半年或年度来兑现，没有按照约定的标准。设计绩效奖金的目的，就是公司一方面要激励员工努力工作、争先创优，同时也愿意与员工共同分享高绩效所带来的高利润，是一种努力实现"双赢"的制度安排。

相对来说，绩效工资和绩效奖金会随着绩效水平的变化而变化，均属于短期波动。举例来说：员工张某某月的绩效得分高，他当月拿到的绩效工资就高，反之就会降低。同理，绩效奖金的发放也是一样，都属于"一次性结算"，下个月、下季度、下半年或下年度，从头再来。

（二）中长期报酬

1. 薪级调整

薪级调整的通俗说法是"涨工资"。与绩效工资和绩效奖金相比，薪级调整的影响会持续很长时间。在工资只升不降的企业里，甚至会影响员工的一生。举例来说：在计划经济时期，员工由于连续两年"优秀"而被奖励"调涨一级工资"，其带来的不仅是员工在职期间的工资提升，甚至会影响员工退休以后的福利待遇。

当今社会，为了避免员工"先努力冲刺，再选择躺平"（先把工资涨起来，再平稳享受高工资带来的长期"福利"），更为了激励员工力争上游、不断进取，越来越多的企业设计了更加"对称"的奖惩机制，典型的做法是：

（1）连续两年"优秀"，上调一个薪级。

（2）连续两年"不称职"，下调一级工资。

这样大体上比较"对称"的赏罚机制，对企业和员工来说，应该都算是一种公平合理的制度安排。

2. 持股计划

持股计划最早起源于上市公司的股权激励计划。其典型模式是：企业与管理团队或创新团队约定，当未来几年公司的盈利水平达到一定规模时，股权激励对象就可以按照约定的价格购买公司一定数量的股票。举例来说：A上市公司的股票价格目前是15元，公司与管理团队约定，36个月之后，如果公司当年的利润总额达到了12亿元，那么公司副总每人可以以每股5元的价格购买公司股票10 000股；公司中层和技术骨干每人可以以每股5元的价格购买公司股票6 000股。

36个月后，由于大家的共同努力，公司的年度利润总额达到了12亿元，由于公司发展长期看好，公司股票的市场价格涨到了35元。此时，公司副总每人就可以因此而获得价值相当于300 000元［(35-5)×10 000］的奖励；公司中层和技术骨干每人就可以因此获得价值相当于180 000元［(35-5)×6 000］的奖励。这种股权激励计划，可以用实际股票的形式交割，也可以在测算后使用现金兑现。

目前，为了吸引、保留和激励人才，国内越来越多的高科技公司、竞争激烈的民营企业等都开始尝试实施员工持股计划。操作方式大体是：奖励优秀员工一定数量的股份（可以是真实的股份，但需要进行工商登记；也可以是模拟股份，只进行内部结算，不进行工商登记）。年末，这些持有公司股票的员工就可以根据持股比例分享公司的可分配利润。

有的公司，持股的员工不仅可以分享利润，也可以根据自己的持股比例参与公司治理，从而进一步提高员工的参与感和成就感。当然，允许持股员工参与公司治理的非上市公司目前还比较少见[①]。为了提高决策效率和决策质量，国内比较高明的民营企业老板的决策模式一般是："听取多数人的意见，跟少数人商量，最后一个人拍板"。

小贴士

集体决策

国内学者普遍较为推崇集体决策。总体而言，集体决策具有意见全面、考虑周到、不容易出现大的纰漏、容易被大家接受等优点。但国内外权威研究表明：在重大的战略性决策上，真正有价值的观点往往掌握在少数人手中。其实道理也很简单：被大多数人认为是"机会"的机会，往往是竞争激烈的"红海"；而那些独辟蹊径、前景广阔的"蓝海"，往往是大多数普通人所看不到的。

君不见，摩根、微软、苹果、脸书等那些引领时代发展的超级公司，在重大的战略选择问题上，哪一个不是其领导人"固执己见"的结果？

[①] 在上市公司，持有公司股票（优先股等明确限制表决权、选举权和被选举权的股票除外）的员工，可以通过正式的股东大会、股东投票的方式，行使自己的股东权利。

二、非财务报酬

与财务报酬相对应，非财务报酬主要是指难以用货币来客观衡量的报酬。它也可分为短期和中长期两大类。

（一）短期报酬

1. 荣誉表彰

常见的荣誉表彰形式包括肯定、赞赏、公开表扬等。有的公司（国内公司比较常见）会把年度优秀员工的照片贴在公司大厅的醒目位置；也有的公司（西方公司比较常见）会把员工的获奖情况，以纸质信件的方式（含奖状、感谢信等）邮寄给员工的家人，使家庭成员共同分享员工的成就、奖励和喜悦。

2. 补充或更新知识与技能

根据员工的工作表现，对业绩不理想的员工进行有针对性的培训，以提高他们的工作能力；对业绩突出并且有较大发展潜力的员工，开展长期系统的培训开发，为他们将来的职位晋升做好能力素质上的准备。

3. 享受相关待遇

有的公司还给予优秀员工更多的福利待遇，比如参加公司组织的公费旅游、公费休养等福利项目，优先安排外出学习、参观、考察、交流、岗位轮换等活动。

不少西方公司甚至还会奖励员工一份"意外惊喜"（西方人喜欢家庭欢聚，而不太喜欢"公司热心但员工觉得尴尬"的低水平"团建"活动）——双人夏威夷五日游，或诸如此类的 Surprise！

（二）中长期报酬

1. 职位调整

对于业绩突出、素质优良、潜力较大的员工，公司会将其纳入人才梯队计划，当出现高级别职位空缺时（如某高层离职或退休），就会将其提拔起来，其薪资水平和福利待遇也会相应提高。

对于那些业绩低下，且经过培训仍不能满足岗位要求的员工，公司会考虑降低其岗位职级，或者轮换到能胜任的其他岗位（一般要比现岗位的条件差，福利待遇低）。

2. 岗位竞聘

对于业绩突出的员工，在企业实施岗位竞聘时，一般会按照"同等条件下优先考虑"的规则予以照顾。而对于那些业绩低下的员工，公司一般也会出台相应的规则，限制其参与条件好、待遇高的岗位竞聘资格。

三、特别激励计划

除了上述相对比较规范的激励机制，管理水平较高的公司也会设计一些特别的激励计划。

（一）突出贡献奖

奖励那些为企业做出突出贡献，但常规的绩效考核不足以体现企业希望的激励力度的行为或业绩表现，比如：为企业拓展了较大规模的新市场；由于主动上报、主动处置而使企业消除了重大生产隐患等。

（二）技术进步奖

技术进步奖主要奖励那些研发人员或生产操作人员，在新产品研发、老产品改造、工艺革新、工具创新等方面的重要贡献。

（三）管理创新奖

管理创新奖主要奖励那些在公司管理理念、制度、方法、工具等方面做出显著贡献的人员。比如：经过主动钻研，企发部在质量管理上研发并出台了一套制度体系，使企业产品的良品率提高了5%，年度生产成本下降了2 000万元。

（四）忍辱负重奖

在一些服务性行业，当员工因为顾全大局、忍辱负重而维护了公司良好形象时，公司一般也会予以适当的奖励。比如：在胡搅蛮缠、无理取闹的顾客面前，某餐厅服务员忍辱负重、耐心解释，始终保持微笑服务，有效避免了事态的恶化。对此，管理者一般也会给予相应的物质奖励或荣誉表彰。

（五）社会效益奖

由于员工的勤奋敬业，公司受到了政府部门的嘉奖，新闻媒体或社会公众的广泛赞誉，企业一般也会予以相应的奖励。

比如：在重大国事活动期间，北京某骨干交通企业的客运班组克服困难、坚守岗位，有效缓解了大客流的持续冲击，确保了重大国事活动期间的交通畅通。对此，北京市交通委予以公开表彰，市委、市政府也给予充分肯定。该企业按照有关制度规定，给该客运班组以隆重的表彰和一定的现金奖励。

四、常规扣减制度

对于那些常见的不合规行为（如进入施工现场不戴安全帽，带电作业、危险施工等），管理水平较高的企业会列出负面事件清单，并根据违规的严重程度制定标准化的绩效扣减额度。

对于那些并不常见，而一旦出现就有可能酿成重大事故的违规现象（如在油料库里抽烟、私搭乱设动力电源等），管理水平较高的公司也会出台相应的制度规定，根据事故或隐患等级，制定规范化的处罚措施。这就做到了对常规问题的处理标准化，对非常规问题的处理制度化。

第三节 考核结果兑现背后的管理理念

绩效管理的外在表现形式是一种制度体系，其直接目的是实施对员工的双向激励，而其背后所蕴含的思想，则是一种管理理念或用人哲学。

考核指标、指标权重、计分办法、打分主体的选择等，背后隐含着公司重视什么、不重视什么，希望员工表现出怎样的行为，希望发挥那些人的作用等。举例来说：如果企业重视出勤情况，就会对迟到早退现象扣分罚钱；如果企业重视收入和利润，就会加大其指标的权重；如果企业愿意与员工共创共享，就会设计有奖有罚的双向激励机制；如果企业想提高服务水平，就会在绩效考核时邀请客户进行打分。

在绩效考核结果的综合应用上，我们通过对奖惩措施的对比分析，就可以清晰地分辨出三种不同的管理理念。

一、交易观

在内心里（不一定说出来，但其做法清晰可辨）将员工视为"经济人"，将企业与员工的关系视为一种交易关系，典型的表现如下：

（一）遵循拿来主义

喜欢从社会上大量招人，希望拿来就能用，重视人才的使用而不愿意花时间和精力去培养。即便有些培训，也基本停留在基础的岗前培训和简单的技能培训。其背后的逻辑是：只要员工能干活就可以了，其他的无须考虑。

（二）强调价值对等

员工做出一份贡献，就给予相应的报酬，一手交钱、一手交货，大家平等相待、两不亏欠，但很少做其他方面的安排。

（三）管理不留情面

强调赏罚分明，而不太关注员工的情感，当员工的性价比较高时，就留下来使用；当员工的性价比降低时，就果断予以降薪、降职，甚至是直接予以辞退。

虽然秉持交易观的企业在西方比较常见，但是"996"（重使用、轻培养）和"35岁危机"（员工一到中年就果断辞退，甚至是"逼其主动离职"）等现象，也反映出交易观在我国一些企业有一定的市场。

二、资源观

将员工视为企业的重要资源，出于通过提高员工的知识和技能来提升企业绩效的目的，对绩效考核结果进行深入分析，进而因地制宜制订相应的培训开发计划。

（一）技能提升计划

对于业绩低下的员工，制订实施具有针对性的培训计划，使其掌握技能、提高胜任力，进而提高企业的经营绩效。

（二）人才成长计划

对于那些业绩好、有潜力、态度端正的人才，设计实施相应的长期培养计划，有目的、有计划地提升其综合素养，维持企业人才队伍的健康稳定发展。

三、相互成就观

将员工（特别是那些优秀人才）视为企业发展的事业伙伴，将招聘体系、培训体系、人才开发体系、绩效管理体系、薪酬管理体系、职位管理体系等有机结合起来。

具体来说，就是既注重招聘经验丰富的社会人才，也注意保持较大比例的应届毕业生招聘，力求人才梯队合理，绩效考核公平公正。进而通过完善的激励机制，将员工与企业的利益，在短期、中期和长期上有机绑定在一起，使每一位德才兼备、态度端正、积极肯干的人都能在企业里找到事业发展平台，使每一位肯付出、有贡献的人都能得到丰富多彩的鼓励和奖赏。企业与员工相互成就、相互包容，共同创造价值，共同造福社会，共同分享企业发展带来的成果。

综上所述，任何管理系统就像现实生活中的人一样，有理念、有目标、有措施、有行动。具体来说，企业秉持怎样的管理理念，就会设计实施怎样的制度体系，也会形成不同的发展结局。秉持和实施交易观的企业，可以很赚钱；秉持和实施资源观的企业，可以很健康；而唯有始终秉持和坚持实施相互成就观的企业，才有可能"笑到最后"，实现真正意义上的高质量发展。

【复习与思考】

1. 根据赫茨伯格的双因素理论，管理者应该怎样提高员工的满意度？
2. 根据赫茨伯格的双因素理论，管理者应该怎样降低员工的不满意程度？
3. 你是怎样理解公平与效率的？
4. 以小组讨论的方式，谈一谈绩效工资、绩效奖金和薪级调整之间的异同。
5. 你认为我国国有企业在实施股权激励计划时应该注意什么问题？

【案例分析与创新探索】

E 公司的 "品" "绩" 管理[①]

E 公司是一家上市公司，主营业务包括：集精细化工、化肥、装备制造。其化肥产品的主要消耗指标和经济效益位居全国同行业先进水平，产销量曾连续多年全国排名第一。为提升企业的管理和组织运作效率，该公司施行了"品格+业绩"的绩效管理模式，取得了良好效果。

一、E 公司原有的绩效管理模式

2001 年起，E 公司对下属分公司推行以"目标管理"为核心的内部管控与绩效管理模式，实施过程可分为三个阶段。

（一）增强控制的逐级考核阶段

E 公司对下属分公司实施了以"目标管理"为核心的综合考核，同时实施各行政职能机构（如财务、人力、审计、党群等）逐级向下的考核制度，考核周期均为一个月；考核主体（上级部门）根据计划目标完成情况和工作标准给下级部门打分，党群

---

① 周施恩. 人力资源管理高级教程 [M]. 2 版. 北京：清华大学出版社，2022.

机构和职能部门所打分数的平均分为最终考核结果，考核结果与工资报酬挂钩。这种管理模式加强了总部对下属公司、下属部门的管控能力，但由其引起的管理僵化的弊端也在后期逐渐显现出来。

（二）改善沟通的绩效互审阶段

2006年起，为弥补原管理模式的不足，E公司采取了目标与绩效互审的优化措施。一方面，总部职能部门之间就月度工作目标开展互审互查，注重协同一致及落实完成情况，以减少对下属公司不必要的干扰；各分公司之间就工作目标、生产经营指标、安全环保等方面展开互审互查，以保障公司间产供销等环节的协同一致。这些优化措施，使公司总部职能部门能从不同的角度发现问题，也促进了公司各职能部门、分公司之间的沟通交流，改善了僵化和惰性的问题。

（三）金融危机催生的困境阶段

2008年的金融危机给E公司也产生了冲击，目标管理模式的缺陷开始显现。在此背景下，公司于2009年开始推行"品格+业绩"的绩效管理模式（以下简称"品绩管理"）。公司总部对下属公司的管理，由结果控制变为过程指导，对结果只进行模糊评价，总部职能部门也由检查考核转变为服务支持。"品绩管理"使得公司的人才选拔和使用成效显著，激发了公司的创新活力。

二、品绩管理的构建与实施

（一）品绩管理的内涵

"品绩考核"就是对评价对象按照"品"和"绩"两个方面进行综合考核。"品"是指品德、品格，指做人做事的过程，重点考察被评价对象的"德行"方面；"绩"是指业绩或能力，指做事的结果，重点考察被评价对象的"才能"方面。通过两方面评价，得出品格和业绩二维评价结果，根据结果来选人和用人。

品德高、能力强——重用、大用。

品德高、能力低——培养、善用。

品德欠缺、能力强——利用、慎用。

品德欠缺、能力低——辞退、弃用。

（二）确定品格要素

1. 职位分类

职位分类是基于品绩管理的需要——将同属于一个职类的职位提炼出相同的评价要素，以方便实施考核。E公司将管理干部分为董事长、副总经理、企业厂长、生产副厂长、后勤副厂长、工程技术、财务管理、产品销售、物资采购、安全生产、行政管理总共11个大类。

2. 品格要素的提炼

基于工作分析技术，公司针对11个大类中的10个职位各自承担的战略目标、部门目标、所处的地位和作用、工作职责、胜任能力素质等方面来确定品格的考核要素（见表6-2）。

表6-2 E公司的职位类别及品格要素

职位类别	品格要素
副总经理	远见 信心 明辨 开拓 配合 公正 敏锐 文明 严谨 尊重
企业厂长	信心 明辨 开拓 忠诚 公正 尽职 果断 严谨 主动 有序
生产副厂长	配合 公正 主动 忠诚 有序 果断 敏锐 勤奋 创新 文明
后勤副厂长	配合 公正 忠诚 主动 敏锐 严谨 守时 尊重 耐心 文明
工程技术	有序 创新 专注 忠诚 主动 勤奋 严谨 尽职 果断 谦虚
财务管理	有序 严谨 廉洁 忠诚 尽职 敏锐 主动 配合 果断 谦虚
产品销售	有序 廉洁 主动 忠诚 灵活 果断 尽职 热情 善劝 耐心
物资采购	有序 廉洁 尽职 主动 果断 忠诚 配合 严谨 文明 谦虚
安全生产	有序 尽职 果断 忠诚 主动 勤奋 严谨 配合 创新 谦虚
行政管理	有序 尽职 主动 忠诚 公正 果断 配合 敏锐 文明 谦虚

（三）确定品格要素的衡量标准

确定主要品格要素后，需要对其进行详细的行为描述，并将之转化为行为化的衡量标准（见表6-3）。

表6-3 E公司的品格要素及衡量标准（部分）

品格要素	杰出	良好	合格	较差
创新	持续改进工作，不怕失败，勇于创新，工作高效	对不合理现象及时提出意见并改进，效果明显	能够落实别人所提出的改进建议	工作方法单一，效率低下
公正	做事一视同仁，不徇私情，处理事情对事不对人，一碗水端平	客观对待存在的问题，能够做到一视同仁	处理事情基本恰当，未造成不良影响	处理事情受主观因素、人情因素影响，造成不良后果
果断	思路清晰，判断准确，问题处理及时、恰当、正确	判断准确，能够及时处理问题	能够处理明显问题	做事拖拉，拖泥带水
尽职	能圆满完成本员工作，并能以身作则，鼓舞士气，严格执行纪律，完成艰巨任务	能较好地完成本员工作任务，也能执行纪律，鼓舞他人	维护纪律，领导他人完成日常工作任务	有破坏纪律的情况，任务完成情况较差

（四）设计品绩管理的考核依据

根据职位的品格要素及其衡量标准，结合相关岗位的主要职能、权利，以及主要业绩指标来编制成各岗位的任职说明书（见表6-4）。

表 6-4　E公司企业管理处处长岗位任职说明书（部分）

一、基本信息	
部门：企业管理处 职位：处长（1）	分类：管理（1）
二、汇报关系	
直接上级：董事长、总经理	直接下级：企管处科长、副科长

三、职位概述

推行标准化管理、目标管理、管理职责；牵头公司组织机构设置、管理新方法的学习采用

四、岗位职责

1. 对因监督考核不力而造成未完成年度目标和进度负责；
2. 对标准化管理体系的运行质量负监督管理责任；
3. 对组织机构设置长期得不到高效运行负监督管理责任；
4. 对因体系运行和目标管理不力而造成其他不良影响的行为负监督责任；
5. 对明显的不合格供应商长期与企业发生业务负有监督管理责任

五、主要权利

1. 有权起草企业管理、标准化管理、目标管理等职责范围内的管理制度，并对其执行情况进行监督、检查和落实。
2. 有权对集团各单位工作目标完成情况和集团重点工作进行了解和落实，提出意见和建议。
3. 有权组织对集团各单位标准化管理体系运行情况进行审核和检查，提出改进建议。
4. 有权组织对集团各单位的工作标准和岗位职责进行评审和修订。
5. 有权对集团单位的组织机构设置进行评审，提出改进意见。
6. 有权对各单位合格供应商的评审、管理情况进行监督检查。
7. 有权向集团各单位索取必要的各类资料、数据。
8. 有权根据职能与政府有关部门进行业务协调。
9. 有权对本部门员工进行管理、教育、考核和评价。
10. 有权对各单位管理运行中存在问题组织分析，提出建议

六、关键业绩指标（KRI）

1. 根据集团发展战略和中长期发展规划，组织拟订集团年度方针目标，经总经理办公会确定批准后，对年度目标进行细致分解，落实了解年度、月度工作目标以及集团重点工作实施情况。
2. 根据集团实际情况需要，组织建立健全各项管理度，及时做好管理制度的修订完善工作，不断规范、完善和提高各项管理。
3. 组织推动集团各单位标准化管理体系建设、实施、运行和改进，并及时引进符合企业实际的标准。组织开展集团内部标准化体系审核工作，及时联系和组织体系的外审，确保体系有效运行。
4. 定期对集团各单位机构设置情况进行评审，及时对各单位机构设置调整申请调研、评审和批复。
5. 组织制订、修订和完善工作标准和岗位职责说明书，并结合体系建设及时做好工作标准、职责评审工作。对新设立单位及时组织完善职责和工作标准。
6. 组织学习国内、国际企业管理方面的先进经验、科学方法，结合集团实际，积极推行，不断创新，持续提高集团管理水平。及时总结归纳先进管理经验，组织开展集团内管理创新评选活动。
7. 根据有关管理制度要求，定期组织各单位对合格供方进行评审，实施动态管理。
8. 组织做好集团内物资流转的协调，结合市场情况，组织确定物资流转价格，维护集团整体利益

续表

七、关键品格指标（KCI）
职位品格：1. 有序；2. 尽职；3. 果断；4. 忠诚；5. 主动；6. 谦虚
职业品格：7. 严谨；8. 勤奋；9. 创新；10. 专注
八、职位能力要求
1. 统筹策划能力；2. 数据分析能力；3. 团队管理能力；4. 组织协调能力；5. 问题分析能力
6. 绩效管理能力；7. 合作协调能力；8. 语言沟通能力
基本要求
学历：本科及以上　　　　　　　　　　年　龄：33~55岁 性别：男女不限　　　　　　　　　　　身体条件：健康耐劳

（五）确定品绩评价主体

管理干部品格的评价主体主要包括上级评价、同级评价、下级评价、自我评价（见表6-5）。

表6-5　E公司第一化肥厂厂长的评价主体

评价对象	评价主体		
下属企业厂长	上级	同级	下级
第一化肥厂 厂长	氮肥工业副总 安全处处长 技术处处长	第二化肥厂厂长 第三化肥厂厂长	生产副厂长 后勤副厂长 中层管理干部

（六）品绩管理考核结果的运用

1. 与人才管理决策挂钩

分别考核关键品格指标KCI（Key Character Indictor）和关键业绩指标KRI（Key Result Indictor），在计算两项指标得分后，将其换算成满分50分的标准分，并在平面坐标系内确定其位置（见表6-6）。

表6-6　E公司品绩管理结果运用表

关键业绩 表现指数	33~50分	慎用	观察	重用
	17~32分	利用	正常使用	培养
	0~16分	辞退	待用	善用
		0~16分	17~32分	33~50分
		关键品格表现指数		

2. 对关键人才的品格再分析

为确保评估结果的科学有效，E公司对业绩上升较大的干部或重点培养的干部，还会由人力资源部门进行品格的全方位再分析，然后综合给出品绩管理评测报告。

三、下属公司品绩管理的构建与实施

品绩管理模式实施前，E 公司的下属公司之间存在本位主义严重、协同配合不够等现象。为此，公司总部于 2010 年将品绩管理的理念应用于组织绩效评价，也收到了良好效果。

（一）确定下属公司的品格要素

根据品绩管理的理念，E 公司将其下属公司的"组织品格"概括为团结、凝聚、创新等十个方面（见表 6-7）。

表 6-7　E 公司下属公司品绩考核表

单位名称			考核年度：	
考试模块	指标分类	考核指标	得分	总分
关键业绩指标（KRI）	经济运行指标	销售收入		50 分
		利润		
		产量		
		成本		
	安全环保管理	安全量化指标		
		特种作业持证上岗率		
		应急准备与响应		
		环保节能管理		
	技术创新	创新成果		
		专利		
		新产品开发		
	项目管理	项目进度		
		项目安全		
		项目质量		
		项目开发及达产达效情况		
		投资与预算对比		
	质量管理	一次交检合格率		
		优等品率		
		产品质量领先水平		
	采购管理	采购及时性		
		采购成本		
	综合管理	采购质量		
		标准化管理运行水平		
		人均产值		
		员工技能水平		
		员工思想动态		

续表

考试模块	指标分类	考核指标	得分	总分
关键品格指标（KCI）	团结	共同努力以完成预定目标		50分
	凝聚	集体向心力、员工的集体荣誉感		
	士气	饱满的精神状态、奋发向上、努力工作		
	规范	按照标准进行操作、稳定生产		
	安全	具有安全意识、排除安全隐患、实现安全生产		
	成长	通过学习、实践使企业逐步壮大		
	责任	履行应尽的义务、承担自身的过失		
	大局	集体利益高于一切		
	执行	努力贯彻施行本企业的目标		
	创新	不怕失败地结合本企业的情况不断改善推动		

（二）下属公司的品绩考核

1. 下属公司的品格考核

下属公司的品格考核由公司总部的企业管理处负责组织实施。以 E 公司 2011 年半年度某分公司品格考核结果为例：通过对比不同品格要素评价存在的差距，可以找出存在品格绩效需实施改进的洼地（见图 6-2），也可将得分进行横向比较。同样，对各下属公司按照考核表（见表 6-7）也可得出其关键业绩指标（KRI）得分（见图 6-3）。

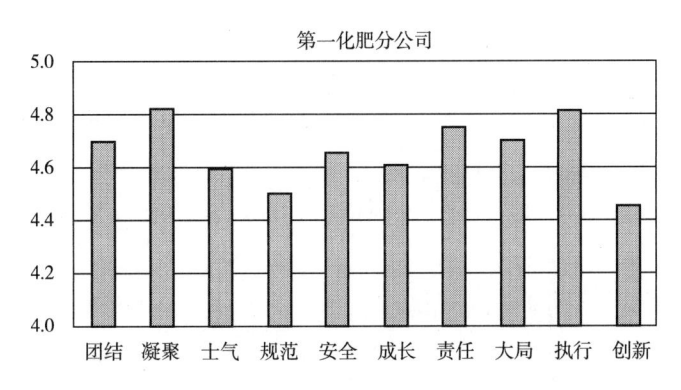

第一化肥分公司

团结	凝聚	士气	规范	安全	成长	责任	大局	执行	创新
4.70	4.82	4.60	4.50	4.66	4.61	4.76	4.71	4.82	4.46

图 6-2 E 公司对下属公司品格考核结果举例

企业业绩得分合计

一分公司	二分公司	三分公司	四分公司
47.8	48.4	48.3	47.5

图 6-3 E 公司下属公司业绩考核结果举例

2. 下属公司的品绩考核结果及运用

(1) 下属公司的品绩考核

E公司总部的企业管理处作为评价主体，评价时总体把握，全面、客观考核企业的业绩和品格（简称"品绩"）表现。考评对比效果见表6-8。

表6-8 E公司下属公司品绩考核结果

序号	下属公司	KCI合计	KRI合计
1	一分公司	46.66	44.80
2	二分公司	47.46	48.37
3	三分公司	47.52	24.31
4	四分公司	42.31	42.47
5	五分公司	23.98	47.67
6	六分公司	45.49	22.64
7	七分公司	24.52	44.99
8	八分公司	42.07	46.66
9	九分公司	40.33	46.10
10	十分公司	46.54	40.83

(2) 考核结果及运用

将被考评单位的KRI与KCI得分输入"组织品绩"坐标图中（见图6-4），以了解下属公司的绩效水平与存在的问题，并将之作为决策依据（见图6-5）。

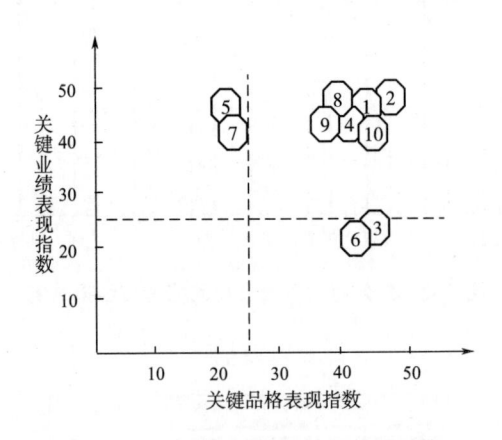

图6-4 E公司各下属公司品绩象限图

注：图中六边形内的数字代表分公司；由于尺寸大小限制，图中各公司的相对位置并不十分精确，只是一种关系示意。

四、品绩管理模式的实施效果

E公司在推行品绩管理模式的过程中，并没有完全摒弃传统的目标管理考核，而是在目标管理的基础上增加了品格评价模块，这样可以更加客观地评价人才和下属公司的综合绩效水平。

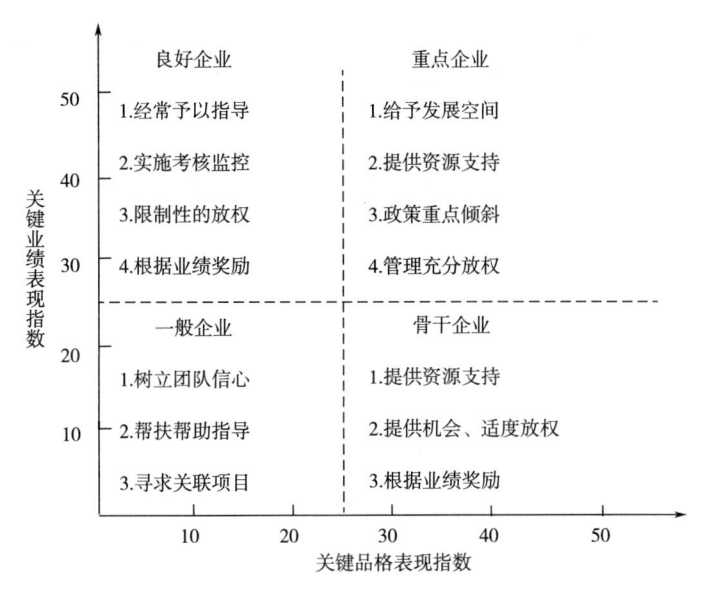

```
         ↑
      50 │  良好企业              重点企业
         │  1.经常予以指导        1.给予发展空间
关       │  2.实施考核监控        2.提供资源支持
键    40 │  3.限制性的放权        3.政策重点倾斜
业       │  4.根据业绩奖励        4.管理充分放权
绩    30 │
表         - - - - - - - - - - - - - - - - -
现       │  一般企业              骨干企业
指    20 │  1.树立团队信心        1.提供资源支持
数       │  2.帮扶帮助指导        2.提供机会、适度放权
      10 │  3.寻求关联项目        3.根据业绩奖励
         │
         └──┬────┬────┬────┬────┬──→
           10   20   30   40   50
                关键品格表现指数
```

图 6-5　各下属公司组织品绩运用分析

（一）激励员工积极主动创新

传统的目标管理考核存在"只看重结果"的缺陷，容易导致员工做事谨小慎微、拈轻怕重，工作缺少激情与创新精神，而品绩管理模式可以最大限度地激发员工工作的积极性。

（二）全面反映人才综合能力，为相关决策提供强大支持

品绩考核全面反映了考核对象的工作能力与品格要求，因此可有效观察管理干部是否具备胜任更高层级岗位的素质，从而使人才的选拔和使用更加准确。

（三）协同了总部与下属公司的战略，增强总部对下属公司的柔性管控

品绩管理的创新之处，在于其关注组织和员工的软实力——品格。品格不仅涵盖能力，也包括员工对企业的文化、价值观的理解与认同程度。品绩管理协同了组织与员工的品格，使总部、下属公司和员工的人格融为一体。

通过对人员的品格考核，可以使员工更好地了解岗位要求，并明确自己在企业中的角色；对各部门的品格考核，则赋予了被评价对象鲜明的人格化特征，使得职能部门之间的沟通更顺畅；而对下属公司品格的关注，则可以引导下属公司更加准确地理解集团公司的战略意图，进而全力以赴开展工作。

【讨论与创新】

1. E公司在设计实施品绩管理之前，为什么要对人员按职位类别进行划分？这会不会导致不公平现象（不同人员的考核内容不一样）？

2. 有人认为,"将品格因素纳入考核会稀释业绩得分,使很多能干的人得不到应有的奖励"。对此,你是怎么理解的?

3. "E公司总部的企业管理处作为评价主体,评价时总体把握,全面、客观考核企业的品格表现。"请问怎样才能避免企业管理处打分时的人为因素,你有没有更好的改进办法?

4. 表6-7中的关键业绩指标(KRI)和关键品格指标(KCI)中均有对安全生产的考核。在实际应用中,会不会出现双重考核现象——即只要出了安全事故,既扣KRI得分又扣KCI得分?如有不合理之处,应该如何改进?

第七章　时代呼唤绩效 4.0+管理体系

这是一个跨界竞争的时代，也是一个开源竞合的时代。

经过 40 多年的引进、吸收、模仿和创新，我国企业的人力资源管理已经面临新的发展阶段。传统与现代交替、东方与西方交错、法治与人情交融的宏观背景，又使得我国企业的管理情境相较西方企业更为复杂。面对"百年未有之大变局"，我们非常有必要对传统绩效管理进行升级改造，以实现激励员工、壮大企业、富强国家、造福社会的中国式多重管理目标。

总体而言，绩效管理既涉及每位员工的切身利益，又直接体现企业管理的深层理念和制度走向。在人们生活水平和受教育水平日益提高、内心追求越来越丰富和多样的大趋势下，企业的绩效管理必须把握员工需求，契合公司战略，顺应时代步伐。在综合我国人力资源管理理论和实践的发展脉络、发展现状与未来趋势的基础上，本书提出了绩效 4.0+的概念，对其管理思想和实践操作，已在前面的章节里进行了渗透式阐述。

任何事物的发展，总会经历一个从无到有、从简单到复杂、从低级到高级的过程。现代绩效管理理论也不例外[①]。

一、绩效管理的 1.0 时代

绩效管理的前身是绩效考核，绩效考核的源头在于绩效控制，而绩效控制的出现，则是源自工人们早期的"利己"行为。这大概是一个"道高一尺，魔高一丈"的死循环，即：员工们在工作中越是自私，企业的绩效控制也就相应变得越为严格。

1880 年左右，泰勒（Frederick Winslow Taylor）发现米德维尔钢铁公司的工人们普遍存在"磨洋工"（Soldiering）现象。其中一个原因，是出于工人们松懈和偷懒的生理本能，所以又叫"本性磨洋工"（Natural Soldiering）；另一个原因，则是出于其更加复杂的二次思考以及对人际关系的权衡。由于这种磨洋工现象涉及企业主、工作、工人和管理方式等系统因素，所以被称为"系统性磨洋工"（Systematic Soldiering）。当时美国的工人们普遍认为，世界上的工作量是既定的（如"把一堆矿渣运走"），如果今天把活干完了，那第二天自己和工友们就有可能找不到工作。出于这种考虑，工人们

[①] 世界各国的官僚体系、军队、经济组织等，很早就有对人员工作业绩、工作态度的衡量和评价；比如我国明代对各级官员的考核制度——"定六部职掌，岁终考绩，以行黜陟"。此处所说的现代绩效管理，是指自泰勒创立科学管理理论以来的绩效管理，即现代管理学诞生以来的绩效管理。

总是想多耗时间、少干活，并自觉形成了无形的"工作默契"——讽刺、挖苦甚至是孤立那些干得快、干得多的人①。此外，由于当时的管理体系存在缺陷——按时或按天计酬的分配方式，使得工人们的收入取决于其工作岗位和出勤情况，而与其努力程度或劳动成果无关。这种管理方式，实际上是在变相"怂恿"工人们磨洋工。

虽然也有不少美国工厂推行的是计件工资制，但工人慢慢发现：当他们干得普遍较少时，其所得到的收入也能维持基本的生活开支；而当他们干得快、干得多时，企业主就会压低单件（单位）产量的报酬，导致其总体收入也不会增加多少。归结为一句话，就是企业主偷偷预设了一个的既定的"工资总额"，因此无论工人们干好干坏、干多干少，都只能维持基本的生活水平。对此，"系统性磨洋工"不失为一种聪明的应对之道②。

实际上，当时的美国正处于大规模生产的萌芽期，各行各业都在快速发展，所有的合格产品都不愁卖，因此"工作量既定"的说法根本就是一个"伪命题"。并且，企业生产的效率越高，其单件产品的成本摊薄之后就会越低，企业获利也就越丰厚（我国改革开放初期的情况与其类似）。基于上述分析，泰勒以科学实验的方式，开创性地主导了一系列旨在提高工作效率的动作研究、工时研究和材料研究，进而以实验结论为依据，制定了"一等工人"的劳动标准，并配套开发了技能培训、人员配置、工作监督及超额奖励等科学的管理系统，现代管理学由此开始扬帆远航。

泰勒把精确和纪律带到了工厂、带进了车间，也在20世纪初把美国带进了科学管理时代，并一举奠定了美国企业在世界经济舞台上的地位③。但泰勒所主导的绩效管理，强调的是企业对员工单方面的监督、控制和基于超额绩效的奖励，因此我们将其定义为绩效管理的1.0时代，时间区间大致为1900—1980年。

二、绩效管理的2.0时代

"泰勒发现了工作，福特探索出大规模生产的工作，斯隆将工作组织起来，但没有人发现是人在做工作。"④⑤ 第二次世界大战以后，虽然以美国和日本为代表的发达国家都非常关注工作中的人，但他们采取了两条截然不同的路径。

（一）日本企业

与美国企业将管理层和操作工截然分开的"精英治理"理念不同⑥，日本企业普遍

---

① 关于这一现象，在后来梅奥教授所主持的霍桑实验中得到了证实。霍桑实验所得出的一条重要结论就是：在决定产量方面，金钱因素比群体标准、群体情绪和安全感的作用要小。
② 丹尼尔·A·雷恩. 管理思想史 [M]. 5版. 孙建敏，黄小勇，李原，译. 北京：中国人民大学出版社，2009：141-177.
③ 周施恩. 秒表的启示 [J]. 企业管理，2004（3）：74-75.
④ 斯隆（Alfred P. Sloan），美国传奇商界领袖。他利用事业部制和新颖的营销策略等管理创新，带领通用汽车公司一举超越当时不可一世的福特汽车公司而成为当时世界汽车工业的霸主。
⑤ 斯图尔特·克雷纳. 管理百年 [M]. 邱琼，钟秀斌，陈遊芳，译. 海口：海南出版社，2003：68.
⑥ 经典说法是管理中的"例外原则"——将常规化的工作交给普通员工，管理层致力于解决新出现的例外问题；将新问题常规化后交给普通员工，管理层再去寻找和解决新出现的例外问题。

强调两点：

（1）即便是普通员工也要肩负起一定的管理责任。正如日本"经营之神"松下幸之助所言，"工作认真是不够的。无论做何种工作，你都应当想到自己对本职工作要全权负责"。

（2）普遍强调企业对员工乃至整个社会的责任。松下幸之助在其1929年自创的"基本管理目标"中就做出了这样的规定："通过我们的商业活动，把自己奉献给社会的进步、发展和人民的幸福，并由此提高全世界的生活质量①。"

松下的独特理念、做法及在商界所取得的巨大成就，为其赢得了"日本商业精神的奠基者"的美名。与其同时代的本田公司创始人本田宗一郎、索尼公司创始人盛田昭夫等人在对人与社会的关注上也毫不逊色。日本"经营四圣"②中至今仍健在的稻盛和夫，更是把对人的尊重发展到了极致。稻盛认为，在企业家的内心深处一定要有真诚、同情和亲善，要始终保持一颗谦卑的心。领导者必须承认，自己有今天的荣誉和地位，都是依靠各级管理者和广大员工的共同努力得来的。因此，唯有谦卑的领导，才有可能创造出忠诚而高效的团队，才有可能缔造持久的辉煌③。

综上所述，虽然日本企业从来都不缺乏人文情怀，但日本企业的成功，更多的是依靠家文化的力量，靠的是领导者的勤奋敬业和以身作则，以及员工们的责任意识和团队协作，他们对隐含个人英雄主义的绩效衡量和绩效奖励的理论与实践发展贡献并不大。

（二）美国企业

自霍桑试验以来，美国学界对人的研究始终热度不减，各种激励理论层出不穷，但是在20世纪80年代之前，西方的绩效管理仍然停留在绩效考核阶段，普遍被企业界当作对员工的管理和控制手段而存在。

1977年，弗里德曼（A. L. Friedman）提出了"责任自治"的管理策略，即管理层可以拥有较大的控制权，但一定要让员工参与到管理活动中来④。管理者不仅仅是员工们工作绩效的评价者，同时也应该是员工工作目标的共同设定者（与员工一起共同协商确定），是员工面临困境时的指导者和绩效好坏的反馈者。这一系列思想的出现，代表着现代绩效管理概念的正式诞生。相比较而言，此后的绩效管理不再仅仅是企业对员工的单方面控制，而是希望通过协商来达成一致的目标，通过有挑战性的工作来激发员工的创造力，通过及时、公平的奖赏来鼓舞员工的斗志，从而使员工主动参与到目标管理中来，激发自己的潜能，享受工作的过程，进而实现员工在工作中的自我激励和自我约束。

由此开始，美国多数企业绩效管理的目的，不再是单纯地控制员工的不良行为，

---

① 斯图尔特·克雷纳. 管理大师50人［M］. 柳松，秦文淳，译. 海口：海南出版社，2000：225.
② 日本"经营四圣"，是指在日本创造"经济奇迹"时代的四位优秀企业家：松下公司创始人松下幸之助，本田公司创始人本田宗一郎，索尼公司创始人盛田昭夫，日本京瓷公司创始人稻盛和夫。
③ 周స恩. "王道"与"霸道"：稻盛和夫VS大前研一［J］. 企业管理，2014（8）：27-29.
④ 于大春，张华杰，宋万超. 绩效管理理论研究综述［J］. 情报杂志，2010（12）：16-19.

而顺势升级为绩效目标的实现和绩效水平的提高；绩效管控的方式，也不再是管理层对员工的单方面控制，而是转变为员工和管理层的协商协同控制。这一时期的绩效管理，可以被视为强调"聚焦目标"与"协同奋进"的2.0版，时间区间大致为1980—2000年。

三、绩效管理的3.0时代

和谐向上的生产关系，无疑会促进生产力的持续提升。包含了绩效计划制订、绩效监控与工作辅导、绩效评估与绩效反馈的真正意义上的绩效管理，在很大程度上促进了企业和员工的共赢成长，也使得美国企业"再领风骚数十年"。

2001年，平衡计分卡的发明者卡普兰（Robert S. Kaplan）和诺顿（David P. Norton）出版了《战略中心型组织》（The Strategy-Focused Organization）一书。企业绩效管理的逻辑进一步升华为：通过领导驱动，围绕战略目标开发战略地图，围绕战略地图开发行动方案，围绕行动方案制定具体目标，围绕具体目标设计考核指标。进而，通过广大员工与管理层的密切协同，使战略目标渗透到每一级员工的日常工作之中。同时，针对工作中出现的各种问题，系统开发相关培训体系（学习与成长），确保形成可持续发展的工作流程（顺畅的流程），以更好地满足客户需求（满意的客户），最终实现公司生产经营的财务目标（满意的股东）。

比较难能可贵的是，两位学者不仅从理念上将绩效管理视为战略落地的工具，同时也在其企业咨询的管理实践中帮助很多客户成功实现了战略转型。因此，该理论一经问世便受到国内外学界的广泛追捧，美国、日本、英国、德国等发达国家的著名企业纷纷效仿，并取得了显著成效，中国企业对其进行成功尝试例子也屡见不鲜。正如时任国务院国有资产监督管理委员会副秘书长、考核分配局局长的赵世堂对其的评价："平衡计分卡的理念正在越来越多的中国企业中实践，相信这本译作的出版及其所总结的战略中心型组织的五个原则，将给中国企业提升战略执行能力和核心竞争能力带来更多的启示。"[1]

以此书的出版为标志，卡普兰和诺顿把绩效管理进一步升华为战略落地的有效工具，这与原来强调"聚焦目标"与"协同奋进"的2.0版的绩效管理体系有着本质上的不同，因此我们可以将其定义为绩效管理的3.0版，时间区间大致为2001—2020年。

四、时代呼唤绩效管理的4.0+时代

综上所述，绩效管理始终伴随着时代的发展而发展，伴随着管理理念的进步而进步。但是从本质上看，其发展和进步的动力源泉，则是绩效管理的主体与客体（企业与员工）主导需求[2]的变化。具体说来，是员工心里的内在需要和企业发展的外在要

---

[1] 姜宏锋. 决胜供应链：VUCA时代企业打造供应链竞争利器的实践 [M]. 北京：中国人民大学出版社，2019：76-101.

[2] 每个人都会有很多需求（如追求名誉、地位、权力、成就、和谐的人际关系等），但对于多数人而言，这些需求的重要性是不同的，总会有那么一种或两种在所有需求中占据主导地位。

求,从根本上决定了绩效管理的"灵魂"(管理理念)和"躯体"(制度体系)的长期走向。如今,中国虽然尚不是世界上最为发达的国家,但企业管理的内在因素和外在情境的复杂程度,都远远超越了以美国为代表的西方国家,因此更有必要对绩效管理的4.0体系率先进行创造性探索。

(一)生产要素的巨大变化

在早期的企业生产函数中,厂商的投入要素包括财务资本、实物资本和劳动力。但经济学家们很快发现,资金、设备、劳力几乎相同的多家企业,其终极意义上的产出却存在很大差别——有的不死不活,有的蓬勃发展,有的则难以为继。而造成这一差别的主要原因,则是各自企业领导人的胸襟、视野和管理能力不同,于是学者们在后来的生产函数中又加入了"企业家才能"这一重要变量。

而今,企业中的劳动力要素与泰勒时代相比也有着明显不同。在美国大规模生产的萌芽期,从亚利桑那(美国西南部)和马萨诸塞(美国东北部)农村游离出来的两个壮劳力,对于工厂管理者来说几乎没有什么不同。但是,当今中国所有的大型生产制造企业,以及遍布全国各个开发区的新材料、新能源、新技术企业,所需要的不仅仅是简单的劳动力,其外在的物理劳动(上班、干活)中普遍蕴含了更大范围、更深层次的情绪劳动和智慧劳动。前者如各级管理人员的"情感投入""氛围营造""行动感化""心理疏导",后者如各类员工的"知识技能""工作经验""独特优势""创新思维"。正如著名管理大师德鲁克(Peter F. Drucker)所说,知识是所有资源中最为昂贵的一种。对知识型员工的管理重点不是控制,而是基于兴趣和责任心的内在动力的激发。总之一句话,对"知识生产力"的有效管理,需要持续不断的创新[1]。

(二)竞争格局的巨大变化

早期的工厂之间的竞争,谁能够以更低的价格快速高效地满足客户需求,谁就能够在竞争中获胜。而今,随着信息传递和物资流配送越来越便利,现代企业的竞争格局与100多年前的泰勒时代几乎不可同日而语。

比如,一架波音747上的400多万个零部件,分别是由65个国家1 500家大企业和15 000多家中小企业协作生产的;飞机由金融资本购买后租赁给航空公司;机场为其提供外部清洁、内部保洁、停机整备以及机电设备的检修和维护;大大小小的餐饮公司为其提供航空食品和各种饮料;空管局为其进行空管和导航服务;旅行社和各种电商为其代理机票服务等。一次简单的长途乘机旅行,就会涉及全球成千上万家机构直接或间接的协同服务。随着智慧家居、智慧办公、智慧交通、智慧娱乐、智慧城市等智慧时代的来临,仅仅以公司战略落地为目标的绩效管理,越来越显得力不从心。智慧时代,需要智慧管理。

(三)经济条件的巨大变化

在科学管理诞生的年代,由于标准化、机械化的大规模生产效率明显占优,很多

---

[1] 杜拉克. 杜拉克管理思想全书[M]. 苏伟伦,编译. 北京:九州出版社,2001:480-505.

手工业者和小农场主纷纷破产，大量失业农民和手工业者被迫到工厂里寻找工作，而当时大多数工厂工人的收入仅能聊以为生。当生活刚刚有所好转之时，美国在1929—1933年又遭遇了波及世界主要资本主义国家的经济大萧条，人们疯狂挤兑，银行纷纷倒闭，工厂接连破产，大量工人失业。据《财富》杂志1932年9月号的估计，美国当年有3 400万成年男女和儿童没有任何收入，其数量接近当时美国人口总数的28%。在动辄失业的乌云笼罩之下，当时的工人们根本不在乎什么工厂单方面实施对员工的管控，能找到工作赚钱养家才是硬道理。

当今的中国，经历了改革开放年以来40多年的快速增长，人均GDP从1978年的385元（人民币）增长到2022年的85 698元①，增长了221倍多。历史性消除了"绝对贫困"和"全面小康"社会的建成，更标志着我国的经济社会发展翻开了新篇章。

（四）择业观念的巨大变化

随着生活条件和平均受教育年限的持续提高，加之"民主、文明、自由、平等、公正"等社会主义核心价值观深入人心，当代青年人不再仅仅满足于找到工作、挣钱养家，而是更加关注工作本身的趣味性，工作安排的自主性，工作方式的灵活性，管控机制的民主性，以及工作与生活的平衡性等以自我为核心的工作价值观②。比如：一些年轻人上午刚到公司报到，下午就打辞职报告，原因也很简单——食堂饭菜太差！再如：上班累一点还勉强可以接受，但让我周六日加班，那是万万不能的！

工作价值观的巨大变化，在新生代农民工群体中也体现得十分明显，并且呈现出显著的冲突，具体体现在：既缺乏一技之长，又不愿努力学习；既想着出人头地，又经不起工作压力；既无视劳动纪律，又有很强的维权意识③。另外一个非常普遍的现象是，新生代农民工虽然很看重工资收入，但再也不愿像父辈们那样长时间辛苦劳作，在他们的求职函数中，可接受的收入、工作中的尊重、享受各种节假日、丰富的业余生活等方面的权重越来越大，甚至在很多时候是更多的加班收入所不能替代的④。其典型观点是：工资少一点也没问题，但绝对不能把自己"全都搭在工厂里"⑤。

（五）供求关系的巨大变化

在西方国家大规模生产的全盛时期，由于存在高耸的资金壁垒，导致资本贵（贷款利息高、融资成本高）、企业数量少，而广大工人阶层几乎没有什么家庭储蓄，他们只有每天出卖自己的劳动力才能维持生计。这就导致企业主处在相对优势的地位，他们可以在市场上挑三拣四，在管理上以我为主。

---

① 资料来源：中国国家统计局网站。
② 刁莹，徐宝贵. 95后本科毕业生择业价值观的分析和对策研究［J］. 思想政治教育研究，2020（1）：156-160.
③ 张维君. 新生代农民工的择业观与企业人力资源管理策略选择［J］. 农业经济，2015（7）：16-18.
④ 周施恩，孔新雅. 构建新时代就业生态［J］. 企业管理，2022（7）：6-12.
⑤ 张维君. 新生代农民工的择业观与企业人力资源管理策略选择［J］. 农业经济，2015（7）：16-18.

而如今，互联网的广泛普及，迅速催生了电商、快递、主播、带货等新诸多新业态，试吃员、网约车、网约导游、定制服务等自由职业纷纷涌现，这给了思想活跃、渴望新鲜事物的年轻人以更多的就业选择。如果"苦干+巧干"，很多新兴业态的整体报酬，要显著高于在外打工[①]。这使得第一产业、第二产业和部分第三产业所处的劳动力市场发生了重大变化，劳动力供小于求的局面，正在由第二产业向第一产业和部分第三产业蔓延。

综上所述，基于"互联网$^+$"的智能时代对企业竞争与合作的格局提出了新要求；经济条件的持续向好，推动了人们择业观的普遍转移；新技术和新经济相辅相成，使得传统意义上的三百六十行正在以几何倍数增长；少子化与老龄化交织，减少了世界主要经济体的劳动力长期供给；再加上"物理劳动+情绪劳动+智慧劳动"等新型劳动模式，更导致"资金易得，人才难求"的局面。在这一复杂而又严峻的管理情境下，企业的绩效管理模式不得不进行相应的升级改造。原来以企业为主、员工为辅的绩效管理理念，不得不让位于尊重员工合理需求、关注员工健康成长、确保公司长远发展、兼顾广泛利益群体、主动承担社会责任的4.0版的绩效管理新理念、新趋势。

此外，由于人工智能时代是一个"自我思考、动态演进、持续完善"时代，绩效管理的体制机制也要摒弃原来"静态、固化"的运行模式，主动兼容智慧时代的演进步伐，以巧妙设计模块（如业绩、能力、敬业度等主要维度）、动态更新"插件"（如其中的KPI指标、OKR指标等具体指标）、迅速弥补空白（如原来没有的考核要素）的方式，实现绩效管理体系在一个较长周期内的动态寻优、自我成长。本书将其称之为绩效管理的4.0$^+$版本。时间区间大致为2021年至今。上述思想，可以总结归纳为图7-1。

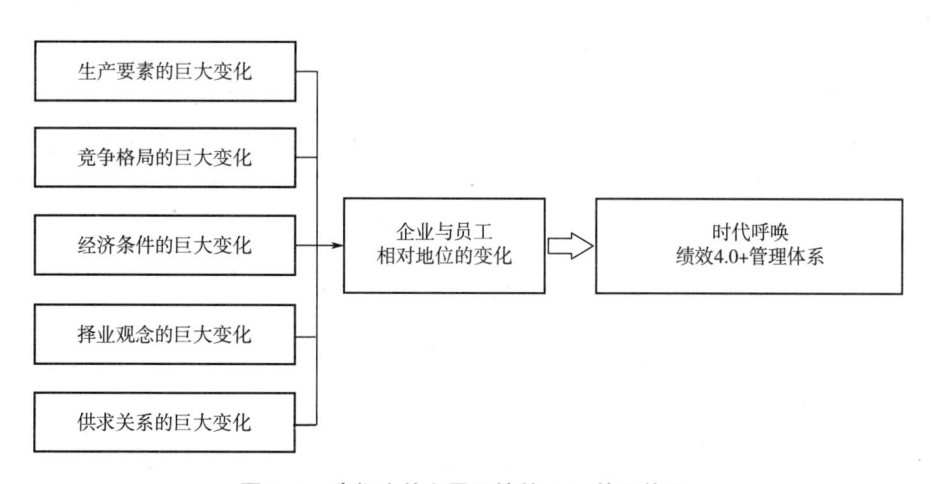

图7-1 我们为什么需要绩效4.0+管理体系？

---

① 周施恩，付鹏. 谁是招工难的"罪魁祸首"？[J]. 企业管理，2021（8）：43-46.

📝 小贴士

现代绩效管理的重要里程碑

1. 科学管理之父泰勒的巨大贡献

当泰勒（Frederick Winslow Taylor）在米德维尔钢铁公司兴致勃勃地手持秒表测量工作时间的时候，他本人恐怕还没有意识到自己的工作会对人类社会产生如此深远的影响。可以毫不夸张地说，要在后来的管理学家中找出一个没有对其工作发表过评论的人，并不比在鸡蛋里挑骨头容易。以至于管理大师德鲁克（Peter F. Drucker）不无感慨地认为，泰勒的思想是"继联邦宪法之后，美国对西方思想所做出的最持久的一项贡献"。

泰勒的秒表把精确和纪律带到了工厂、带进了车间，也在20世纪初把西方企业带进了科学管理时代。他通过观察研究与秒表测量，寻找工人工作的最佳方法，然后试图把这种方法固定下来，并通过培训使普通工人都能掌握这一技能，从而大幅度地提高了劳动生产率。比如，他通过对搬运生铁块工人的动作与时间研究，使人均生产率从每天12.5吨提高到48吨，几乎是原来的四倍。此外，泰勒在企业中创造了一个全新的管理类别——中层管理。在此之前，工厂里除了老板就是工人。如果细分起来，工头可能算是另外一个比较独立的"工种"。但他们的工作只是监督工人，根本谈不上严格意义上的管理。泰勒的工作可以说创造了一类新的管理岗位，他们致力于监督、观察、衡量、判断分析以及员工培训等工作，从而使企业内部的管理体系日渐明朗。对管理学而言，泰勒最突出的贡献是创造性地把管理当作一门学科，从而为管理学的学科发展奠定了基础。在19世纪与20世纪之交，人们对管理是什么，管理应该做什么，管理有什么作用，等关键问题尚不清楚。也许当时的《简明牛津字典》对管理的解释——"耍花招、不诚实的发明装置"更能说明人们对管理的认识。虽然泰勒没有对上述疑问做出详尽而明确的回答，但他的工作以及名著《科学管理原理》都为管理学的学科建设与发展奠定了坚实的基础[1]。

2. 人际关系学说的创始人梅奥教授的巨大贡献

20世纪20年代，芝加哥西方电气公司（Western Electric）设在伊利诺伊州辛辛那提的霍桑工厂（Hawthorne Plant）有着完善的娱乐设施、医疗制度和养老金制度，条件优厚，但工人们仍愤愤不平、劳动绩效不理想。工厂的工程师们想通过提高车间的照明来提高劳动效率，结果提高照明强度的实验组的劳动效率确有明显的提高。人们似乎可以得出这样的结论：提高车间的照明强度的确可以提高劳动效率。但是，令人奇怪的是，没有提高照明强度的实验组的劳动效率也有明显提高，这种难以解释的现象

---

[1] 周施恩. 秒表的启示 [J]. 企业管理, 2004（3）: 74-75.

令工程师们感到迷茫，但实验仍在继续进行。照明及相关实验从 1924 年 11 月一直持续到 1927 年 4 月，但没有得出任何有意义的结论。

1927 年上半年，梅奥及其助手——哈佛大学的一批工业心理学工作者接管了实验，真正的 Hawthorne Studies（霍桑实验）终于拉开了帷幕。通过长达 5 年的一系列实验，梅奥教授得出了一些重要的结论。概括起来可以归纳为两条：一是关于工作条件（指物质环境），工作条件的变化固然影响着劳动者的生产热情，但与生产效率之间并不存在直接的因果关系；二是关于人际关系，生产效率的提高事关这样一些社会因素，如士气、小组成员间良好的人际关系和有效的管理等。

在对工作中的人的问题的研究上，霍桑实验可以说是开了管理实验之先河，它使人们以全新的角度来探索和研究企业管理中的问题，在大家都还在关注组织和效率时，是梅奥教授和他领导的霍桑实验把人们的目光聚焦到企业中最富活力的元素——人的身上，是他"发现"了企业中的人，并认识和触摸到了他们的感情。他的发现在现在看来已是常识，但正是他的研究使企业中的"经济人"荣升为更具积极意义的"社会人"，并推动了企业管理学、心理学、组织行为学等学科的交叉发展[1]。

【讨论与创新】

1. 你是否认同本书所提出的绩效 4.0+ 管理体系的理论观点？
2. 如果不认同，你认为应该予以改进？
3. 如果有一定认同，你认为应该怎样在企业的实际操作中予以体现？
4. 本书从第一章至第六章是如何体现绩效 4.0+ 管理体系的？

---

[1] 周施恩，等. 人力资源管理导论 [M]. 2 版. 北京：首都经济贸易大学出版社，2023.

参考文献

[1] 周施恩，等. 人力资源管理导论 [M]. 2版. 北京：首都经济贸易大学出版社，2023.

[2] 周施恩. 人力资源管理高级教程 [M]. 2版. 北京：清华大学出版社，2022.

[3] 曼昆. 经济学原理 [M]. 7版. 梁小民，梁砾，译. 北京：北京大学出版社，2015.

[4] 伯恩斯. 领导学 [M]. 常健，等译. 北京：中国人民大学出版社，2013.

[5] 戴尔·卡内基. 人性的弱点全集 [M]. 袁玲，译. 北京：中国发展出版社，2004.

[6] 大前研一. 专业主义 [M]. 裴立杰，译. 北京：中信出版社，2006.

[7] 赫伯特·A. 西蒙. 管理行为（原书第四版）[M]. 詹正茂，译. 北京：机械工业出版社，2004.

[8] 张维迎. 博弈论与信息经济学 [M]. 上海：格致出版社，上海人民出版社，2012.

[9] 董克用. 我国人力资源管理面临的新环境与新挑战 [J]. 中国人力资源开发，2007（12）.

[10] 周施恩，孔新雅. 构建新时代就业生态 [J]. 企业管理，2022（7）.

[11] 吴敬琏. 怎样才能实现经济增长方式的转变：为《经济研究》创刊40周年而作 [J]. 经济研究，1995（11）.

[12] 周施恩，付鹏. 谁是招工难的"罪魁祸首"？[J]. 企业管理，2021（8）.

[13] 周施恩. "王道"与"霸道"：稻盛和夫VS大前研一 [J]. 企业管理，2014（8）.

[14] 刘昕. 从薪酬福利到工作体验：以IBM等知名企业的薪酬管理为例 [J]. 中国人力资源开发，2005（6）.

[15] 文跃然，周欢. 从货币报酬思维走向总体报酬思维 [J]. 中国人力资源开发，2015（2）.

[16] 张维君. 新生代农民工的择业观与企业人力资源管理策略选择 [J]. 农业经济，2015（7）.

[17] 杜拉克. 杜拉克管理思想全书 [M]. 苏伟伦，编译. 北京：九州出版社，2001.

[18] 宏锋. 决胜供应链：VUCA时代企业打造供应链竞争利器的实践 [M]. 北京：中国人民大学出版社，2019.

[19] 刁莹，徐宝贵. 95后本科毕业生择业价值观的分析和对策研究［J］. 思想政治教育研究，2020（1）.

[20] 王艳艳. 绩效管理的理论基础研究：回顾与展望［J］. 现代管理科学，2011（6）.

[21] 李艺，钟柏昌. 绩效结构理论述评［J］. 技术与创新管理，2009（5）.

[22] 文静. 基于杜邦模型的企业盈利能力提升途径探究：以A公司为例［J］. 国际商务财会，2023（8）.

[23] 徐耀强. 企业制度的规则意义及其价值追求［J］. 智慧中国，2020，49（Z1）.

[24] 欧阳康. 中国式现代化视域中的国家制度和国家治理现代化［J］. 中国社会科学，2023，328（4）.

[25] 张美兰，车宏生. 目标设置理论及其新进展［J］. 心理学动态，1999（2）.

[26] 曹元. 借鉴斯金纳强化理论培养高校学生骨干［J］. 江苏高教，2017（10）.

[27] 于大春，张华杰，宋万超. 绩效管理理论研究综述［J］. 情报杂志，2010（12）.

[28] 丹尼尔·A. 雷恩. 管理思想史［M］. 5版. 孙建敏，黄小勇，李原，译. 北京：中国人民大学出版社，2009.

[29] 斯图尔特·克雷纳. 管理百年［M］. 邱琼，钟秀斌，陈遊芳，译. 海口：海南出版社，2003.

[30] 迈克尔·波特. 竞争战略［M］. 陈小悦，译. 北京：华夏出版社，1997.

[31] 雷蒙德·A. 诺伊. 雇员培训与开发［M］. 徐芳，译. 北京：中国人民大学出版社，2001.

[32] 加里·德斯勒，曾湘泉，文跃然，等. 人力资源管理（第10版·中国版）［M］. 北京：中国人民大学出版社，2007.

[33] 吉尔特·霍夫斯泰德，等. 文化与组织：心理软件的力量［M］. 3版. 张炜，王烁，译. 北京：电子工业出版社，2019.